U0876873

跨境经济合作区治理研究

赵忠龙 著

区域合作理论丛书

中国社会科学出版社

图书在版编目（CIP）数据

跨境经济合作区治理研究／赵忠龙著．—北京：中国社会科学出版社，2021.6

（区域合作理论丛书）

ISBN 978－7－5203－7323－4

Ⅰ.①跨…　Ⅱ.①赵…　Ⅲ.①区域经济合作—国际合作—研究—中国　Ⅳ.①F125.5

中国版本图书馆 CIP 数据核字（2020）第 186790 号

出 版 人　赵剑英
责任编辑　孙　萍
责任校对　赵雪姣
责任印制　王　超

出　　版　中国社会科学出版社
社　　址　北京鼓楼西大街甲 158 号
邮　　编　100720
网　　址　http://www.csspw.cn
发 行 部　010－84083685
门 市 部　010－84029450
经　　销　新华书店及其他书店

印刷装订　三河弘翰印务有限公司
版　　次　2021 年 6 月第 1 版
印　　次　2021 年 6 月第 1 次印刷

开　　本　710×1000　1/16
印　　张　14.5
插　　页　2
字　　数　202 千字
定　　价　79.00 元

凡购买中国社会科学出版社图书，如有质量问题请与本社营销中心联系调换
电话：010－84083683

版权所有　侵权必究

《区域合作理论丛书》编委会

主　　编

梁双陆　云南大学经济学院党委书记，研究员，博士生导师

副 主 编

杨绍军　云南大学社科处处长，研究员

编委会成员（排名不分先后）

杨先明　云南大学特聘教授，博士生导师
黄　宁　云南大学经济学院院长，研究员
张　林　云南大学人事处副处长，教授，博士生导师
张国胜　云南大学经济学院副院长，教授，博士生导师
马子红　云南大学经济学院副院长，教授
冯　勇　云南大学经济学院副院长，研究员
罗美娟　云南大学经济学院教授，博士生导师
郭树华　云南大学经济学院教授，博士生导师
施本植　云南大学经济学院教授，博士生导师
陈　瑛　云南大学经济学院研究员，博士生导师
程士国　云南大学经济学院教授
李　娅　云南大学经济学院教授
何树红　云南大学经济学院教授
赵鑫铖　云南大学经济学院教授

总　　序

2017年，云南大学入选世界“双一流”建设高校名单，标志着云南大学经济学科进入崭新发展阶段。2018年，为切实提升科学研究水平和理论创新能力，云南大学在双一流建设项目中设立了社会科学理论创新高地，在社科处的支持下，专门设立了“区域合作”理论创新高地建设项目（项目编号：C176240103），以推动区域合作理论创新。该项目负责人为梁双陆研究员。

“区域合作”理论创新高地建设项目实施三年以来，在云南大学相关部门的大力支持和项目成员的努力下，取得阶段性成效。一是标志性成果凸显。2018年以来，本项目成员在《世界经济》《经济管理》《财贸经济》等期刊发表高质量论文十余篇，在 *Econometric Theory* 等重要国际期刊发表 SSCI 论文 6 篇，出版学术专著十余部。团队成员先后获得国家级项目立项 3 项。先后向国家和省委省政府提交 30 多份区域合作相关决策咨询报告。二是团队成员成长卓著。2018年以来，有 9 位项目成员实现职称晋升，8 名成员入选云南省人才专项。三是平台建设取得重要进展。区域合作理论创新高地依托学科基础和平台，继续建设沿边开放与经济发展智库，与云南省委财经领导小组办公室签订战略合作协议，建设决策咨询研究基地，举行多次高端合作论坛，在营造科研氛围、提升科研成效上有明显进展。2019年，经专家团评审沿边开放与经济发展智库，顺利通过南京大学中国智库研究与评价中心及光明日报智库研究与发布中心遴选，正式成为CTTI来源智库之一。同时，智库发挥了良好的服务地方作用，承担了多项重要地方项目，并到主要省属企业开展学术讲座。经过三年的建设，有力地支撑了云南大学经济学科的影响力进一步扩大，区域合作理论创新成果显示度进一步提升，研究实力显著增强。本丛书的出版，就是"区域合作"理论创新高地建设项目的重要成果。同时，也是云南大学经济学科建设的最新进展。

当前，世界经济环境正在经历史无前例的变化。经济全球化和国际分工面临巨大挑战，国际区域合作面临中美贸易摩擦、逆全球化、贸易保护主义、民粹主义的巨大压力。然而，分工理论已经很好揭示了区域合作的效率提升机制，国际贸易和国际投资的飞跃性发展已经将国际经济合作的福利播散到每一个角落。这是不可抗拒的历史潮流和必然趋势。同时，作为开放型大国，我国也进入了构建国内大循环为主体，国内国际双循环相互促进的新发展格局的新阶段。这必然会对国内区域合作、国内区域经济一体化和国内市场规模的红利进一步释放提供巨大动力。在贸易保护主义和新冠肺炎疫情的全球性冲击下，国际政治经济格局在加速重塑，国际国内区域合作面临新的机遇和挑战。但我们坚信，风雨过后，区域经济合作仍将是未来驱动区域经济乃至全球经济发展的重要动力，而内陆边疆地区在新时期的开放合作中的优势及作用将空前凸显。

作为一门经世济民的学科，经济学在解释经济发展动力、揭示经济规律和趋势上是没有止境的。本丛书是展示云南大学经济学学科在区域合作理论方面的研究成果，是对区域合作理论发展的有益尝试和创新，对促进国际国内区域合作具有一定的理论指导意义。虽然丛书作者已经付出了巨大努力，但仍存在一些有待商榷的内容及不足，特在此致以歉意并恳请读者不吝指出。我们期盼与学界同人携手，共同为区域合作理论的创新发展贡献力量，共同开创和描绘区域合作的美好愿景。

梁双陆

2020 年 10 月 11 日

前 言

二百余年来西方发达的技术上游国家主导了国际经济合作，四十余年来中国的经济通过参与国际经济体系取得了飞速发展。“一带一路”沿线大致涵盖了65个国家（或地区），尽管这一地区历史上曾经创造了璀璨的文明，但是近代以来这一地区的经济和社会发展高度不平衡。根据中国社会科学院对“一带一路”沿线65个国家（或地区）工业化进程的研究，后工业化社会阶段的有2个，工业化社会后期阶段的有32个，工业化社会中期阶段的有16个，工业化社会初期阶段的有14个，前工业化社会阶段有1个。体现在法律治理上，不仅法律体系存在较大差异，很多国家或地区的商业贸易法规甚至处于空白状态，这就给跨境经济合作的治理带来了极大的风险和不确定性。从另一个角度而言，工业化社会发展水平的差异也为跨境经济合作提供了契机，沿线国家（或地区）之间可以拓展多元领域不同层面的跨境经济合作。国际投资规则已成为一个极为复杂的体系，但是地区以及文化上的差异，导致各国对保护协议中的内容产生了巨大的分歧，这也是投资活动中出现争议的根本原因。

世界银行的营商环境评估是目前国际社会广为接受的国际秩序安排，现代市场体系一方面要求市场准入的公平和开放，另一方面要求政府监管的公开和透明，参与建立跨境经济合作区的各方经济体都能平等地参与治理，通过公正的秩序规则实现各方共赢的繁荣。跨境经济合作区治理的制度供给框架可以分解为纵向维度和横向维度。

国际投资规则已成为一个极为复杂的体系，但是地区以及文化上的差异，导致各国对保护协议中的内容产生了巨大的分歧，这也是投资活动中出现争议的根本原因。基于理性、公平和自愿的原则，在跨境经济合作区引入国际组织常见的罗伯特秩序规则是协调利益、弥合冲突和达成共识的关键。跨境经济合作区的经济民主治理需要建立在相邻国家政治互信的基础上，就技术性管理的议题展开，这也是平等国家主体之间建立国际组织进行有效治理的前提。跨境经济合作区的经济民主治理应当尽可能贴近沿线国家或地区的经济和社会发展阶段，逐渐培养沿线人民的现代公民意识、现代法治意识和社会合作意识。

20 世纪中叶以来全球化和跨国经济活动的兴起，使得威斯特伐利亚和约体系的主权准则受到挑战。“一带一路”倡议或是中国目前所参与建立的“跨境经济合作区”，合作治理仅仅涉及的是民商事务管辖权，并不涉及国际公法的管辖权。跨境经济合作区参与主体的权利、义务、责任、风险和功能相互交叉嵌入，形成多层级治理结构关系。中央政府、地方政府、企业、居民等不同利益群体均可以通过相应途径参与治理，实现跨境经济合作区的利益协调和有序发展。

目　　录

第一章

跨境经济合作区治理模式研究概述

“一带一路”沿线大致涵盖了65个国家（或地区），尽管这一地区历史上曾经创造了璀璨的文明，但是近代以来这一地区的经济和社会发展高度不平衡。近200年来西方发达的技术上游国家主导了国际经济合作，近40年来中国的经济通过参与国际经济体系取得了飞速发展。根据中国社会科学院对“一带一路”沿线65个国家（或地区）工业化进程的研究，后工业化社会阶段的有2个，工业化社会后期阶段的有32个，工业化社会中期阶段的有16个，工业化社会初期阶段的有14个，前工业化社会阶段有1个。[①] 体现在法律治理上，不仅法律体系存在较大差异，很多国家或地区的商业贸易法规甚至处于空白状态，这就给跨境经济合作区的治理带来了极大的风险和不确定性。从另一个角度而言，工业化社会发展水平的差异也为跨境经济合作区提供了契机，沿线国家（或地区）之间可以拓展多元领域不同层面的跨境经济合作。基于现代商业法治的基本原理，本书试图尽可能综合考察“一带一路”沿线跨境经济合作区的理论依据、可行性，以及可能面临的法律与政策风险，并提出相应的治理对策建议。

---

① 黄群慧：《工业化蓝皮书：“一带一路”沿线国家工业化进程报告》，社会科学文献出版社2015年版，第1页。

第一节　选题依据、研究结构与研究方法

一　选题依据

随着现代交通和通信条件的不断改善，不同国家之间跨越国界的资源配置的深度、广度不断扩大，频率不断提高，这既是市场经济发展的自然产物，也是不同国家人民的共同诉求。15 世纪以来的地理大发现和大航海，开启了近代以来的全球化，过去的 20 年里，计算机技术、人工智能、互联网 +、生物技术、量子科技等现代科学的创新深化，相对廉价的全球互联网已经普及全球大部分地区，更是进一步加速了全球化的进程，为人类开启了新的文明纪元。当然质疑和反对全球化的声浪此起彼伏，但是除非爆发全球性的生态灾难或者反人类的毁灭性战争，否则全球化很可能成为无法改变的既成现实。经济全球化并非简单的资源配置或者资本流动，经济的全球化很可能会深刻影响未来的全球治理格局。全球化不可能脱离现有的地缘政治经济因素，基于民族、历史和文化的地缘政治是跨境经济合作以及全球化发展演化的重要因素。在这个意义上，“一带一路”倡议不仅是对未来国家关系模式的回应，更是对未来人类社会模式的探索。

全球化进程之中主权国家（sovereignty）之间的竞争，本质上是经济与社会发展不平衡的结果，但在现实的政治经济格局上则主要表现为民族国家（nation）之间的竞争。随着当代人口跨境流动的规模和频率日益提升，民族之间的通婚融合已为大多数人所接受，逐渐改变了以血缘为单一标准的民族划分，而更广泛地采用了语言文化、传统习俗、宗教信仰、居住地区、社会价值观、自我认同等多个“想象共同体”标准来解释民族，而于众多标准之中，最为重要的标准仍然是血缘和语言。

亚洲曾经繁荣的丝绸之路创造了璀璨的前现代文明，与西方现代化文明形成鲜明对比的是，亚洲近 400 年来的经济落后、宗

教冲突、国家战乱、社会动荡给人民带来了深重灾难。近 70 年来，随着中国人民反法西斯战争的胜利和中华人民共和国的成立，中国不仅成为亚洲和平与稳定的基石，也成为亚洲经济社会走向繁荣复兴的重要引擎。于此背景之下，中国政府于 2013 年提出“一带一路”的发展倡议，得到全球 150 多个国家或地区，以及大部分国际政治和经济组织的热情响应和积极参与。在科技发展推动人类文明新纪元之际，以“人类命运共同体”为发展理念探索跨境经济合作区的治理创新，也是探索国家社会经济新秩序的一部分。“一带一路”发展倡议“和而不同、美美与共”，既尊重人类文明的多彩、平等与包容，更加强调民族之间的“交流与互鉴”。[①] 19 世纪到 20 世纪，西方学界有三个较为有代表性的地缘政治理论，即麦金德世界岛理论[②]、海权理论[③]和斯皮克曼的边缘地带理论。[④] 西方地缘政治理论在某种程度存在西方殖民主义的路径依赖，与中国的“一带一路”倡议存在本质性的差异。中国“一带一路”倡议于跨境经济合作区而言，体现在边缘经济增长理论，通过地理资源条件、贸易差与交通节点推进亚洲内陆和海上贸易路线，在尊重各国领土主权完整和市场经济商业规则的基础上，实现各个国家之间资源的有效整合，实现各个国家之间的共同发展，共同建设繁荣的人类命运共同体。

在国际法意义上，边界是主权国家之间的领土区隔，是国家对领土行使主权的界限。亚洲内陆和海上贸易沿线上的国家边界形成，不同于美洲和非洲国家之间基于殖民地历史和宗主国管辖形成的边界划分，更多受地理地形、资源禀赋、产业经济、政治

---

① 习近平：《出席第三届核安全峰会并访问欧洲四国和联合国教科文组织总部、欧盟总部时的演讲》，人民出版社 2014 年版。

② H. J. Mackinder, “The Geographical Pivot of History”, *The Geographical Journal*, Vol. 23, No. 4 (Apr., 1904), pp. 421 – 437.

③ Alfred Thayer Mahan, *The Influence of Sea Power upon History, 1660 – 1783*, Dover Publications, Revised ed. edition, November 1, 1987.

④ ［美］尼古拉斯·斯皮克曼：《和平地理学》，俞海杰译，上海人民出版社 2016 年版。

传统、文化宗教和民族情感等多种因素的影响而形成。在边界既定的情形下，不同的政治态度及经济政策会形成不同的效应，称之为“屏蔽效应”和“媒介效应”。[①] 屏蔽效应，主要表现为相邻国家或地区间的意识形态、文化宗教、民族情感等的差异和相互敌视，促使彼此间运用财产法、贸易法、企业法和投资法等法律限制双边经贸往来。媒介效应，则与之相反，表现为相邻国家间的意识形态、文化宗教、民族情感等比较友好或相似，促使彼此间的财产法、贸易法、企业法和投资法等诸多方面趋向一致，经济活动主体会更有动力去谋求跨境经济合作。屏蔽效应和媒介效应并不是简单意识形态的产物，而是社会、经济与政治相互影响的结果，如果两个国家长期存在较大的贸易量，那么客观的结果就是这两个国家的财产法、贸易法、企业法和投资法等实效规则逐渐趋向一致。“一带一路”沿线国家和地区间的历史纠葛和现实矛盾无法在短期内一一化解，但是和平与发展已经成为各国人民的由衷夙愿，在尊重领土主权完整的前提下，尽可能尊重不同国家的历史文化传统和人民自我选择，尊重不同国家的政治主张，跨境经济合作区的建立有助于国家或地区间的经济和文化交流。

功能主义理论进路[②]：二战之后的国际关系理论认为，政治权威并不必然与其领土关联，领土更多与其市场需求和经济功能相关联。边界区域由于地理资源禀赋和历史文化传统，彼此之间的相互影响也就自然而然发生，彼此之间的政策制定也往往相互影响，在更大的背景上，这是全球化进程中的资源整合过程。局部地区的资源整合能够刺激周边区域的经济整合——溢出效应（the concept of spill-over）[③]，溢出效应能够把资源整合的效果不断扩散，其可能存在两种不同的类型：功能性的和政治性的。功能性的溢

---

① 李铁立：《边界效应与跨边界次区域经济合作研究》，中国金融出版社 2005 年版。

② 袁正清：《国际关系理论的行动者——结构之争》，《世界经济与政治》2003 年第 6 期。

③ 陈建奇、张原：《G20 主要经济体宏观经济政策溢出效应研究》，《世界经济研究》2013 年第 8 期。

出效应主要与交通、服务等边境功能相关，如此，一个地区的边疆治理政策就会比较容易溢出到邻近地区。政治性的溢出效应就是，跨境区域的资源整合和互联互通发展到一定程度就会衍生出超主权治理模式——如联合国或者欧洲联盟。政府间主义学者否认溢出效应转而提出新功能理论，认为跨境经济合作区的资源整合是主权国家政府控制下的，所谓“溢出效应”的经济和政治影响也是其主权之内的内政。[①] 次区域经济合作治理需要跨境各方不再仅仅着眼本国利益，还应关注彼此共同的利益。

研究跨境经济合作区，边疆经济增长点是重要的研究对象。[②] 边疆地区的经济发展往往落后于该国其他地区，然而木桶原理说明，一个国家经济发展问题最集中地体现在最薄弱的环节。一个国家经济只有不断提升其最薄弱的环节，才能不断在边疆地区体现其政治、经济和文化影响力，才能在根本上充实其对边疆地区实施主权治理的政治权威。[③]

跨境经济合作区治理研究还需要在一定程度上运用依附理论（dependency theory）[④]，依附理论认为贫穷国家已经无可选择地被整合进了欧盟等超国家体系，资源从贫穷国家流向富裕国家，后者的富裕建立在对前者的消费之上，该理论的重要结论之一在于合作区的有效治理需要特别评估那些可能造成贫穷国家受损的因素。

此书以跨境经济合作区的治理为研究选题，借助于经济学、法学等社会科学的研究方法，就中国与周边国家的跨境经济合作区治理问题进行探讨，进而为“一带一路”倡议沿线国家之间的

① 樊勇明：《从国际公共产品到区域性公共产品——区域合作理论的新增长点》，《世界经济与政治》2010 年第 1 期。

② 陈和平：《产业集群战略：实现区域经济发展的现实选择》，《边疆经济与文化》2006 年第 10 期。

③ 杨先明、梁双陆：《东西部能力结构差异与西部的能力建设》，《云南大学学报》（社会科学版）2007 年第 2 期。

④ James A. Caporaso, “Dependency Theory: Continuities and Discontinuities in Development Studies”, *International Organization*, Vol. 34, No. 4, Autumn 1980, pp. 605 – 628.

跨境经济合作区治理提供一定的建议。很多国际问题研究对军事力量、经济利益或意识形态等问题有或多或少的侧重，此书的研究侧重点在于促进周边国家经济利益的合作共赢。

二 研究结构与研究方法

本书的研究目的在于分析建构一套跨境经济合作区治理的法律实施框架，该框架的难点在于跨境经济合作区治理的法律管辖权，不仅需要考虑合作区有关各国的主权法域（territorial ambit），也要考虑合作区区域与国内其他区域之间的法律适用。在全球化进程中，领土和边界的传统定义可能会被合作区区域治理的法律框架赋予新的内容和意义。跨境经济合作区治理的内容不是边界事务管理，而是双方共同经济利益的促进。跨境经济合作区治理需要新型复合法律框架，更多依赖“监督—指导”的软法实施机制，其合法性直接来自主权国家的治理授权。

现实中，无论法律文本还是协议文本，在理论上都是不完全契约，跨境经济合作区存在公权力管理机构、企业和利益相关者（居民和劳工等）三方的关系结构，这使得其治理框架一方面涉及公权力为企业提供良好的营商环境，另一方面还要涉及企业经营权利和利益相关者权益的保障。跨境经济合作区项目的顺利实施依赖于良好的协议文本和完整的协议执行，研究结构主要包括跨境经济合作区治理的法理基础，治理委员会主体设置，跨境事务的概括授权，跨境企业的企业合作与联盟，以及投资保障和争端解决等几个方面。

首先，探讨跨境经济合作区治理的法理基础与治理机制的制度供给框架。当代世界跨区域联系的规模和速度都是空前的，这就使得中央统制的经济治理模式变得愈加困难，国际经济的多极化、多节点和网络化的治理逐渐浮现。现代市场体系一方面要求市场准入的公平和开放，另一方面要求政府监管的公开和透明，参与建立跨境经济合作区的各方经济体都能平等地参与治理，通过公正的秩序规则实现各方共赢的繁荣。跨境经济合作区治理的制度供给框架可以分解为纵向维度和横向维度。

其次，讨论跨境经济合作区的章程建议。信息的不完全使得任何文本协议和框架，无论其文本设计初衷如何，也无论其文本表达如何周详，都难免存在空缺结构，都难免存在剩余立法权、剩余执法权和剩余索取权的分配问题，这也是产生治理的根本原因，也是治理所要解决的问题。

再次，讨论跨境经济合作区的行政事务执行。可以参考联合国、欧盟、国际足联、国际奥委会等国际组织的运营实践，跨境经济合作区行政事务执行委员会是跨境经济合作区具体行政事务的执行机构，其首席执行官和成员由治理委员会决定。跨境经济合作区行政事务执行委员会根据跨境经济合作区参与各国的协议和治理委员的领导，具体执行跨境经济合作区的地理规划、贸易治理、互联互通治理、金融与税收治理和海关合作治理，等等。

复次，探讨跨境企业合作与联盟治理模式。“一带一路”倡议所推动的跨境经济合作区，将进一步推进整合东亚、东南亚、中亚和西亚地区的生产网络，随着这一亚洲生产及贸易体系的形成，将与北美、欧洲形成世界经济贸易的新格局。尽管中国企业以惊人的生产能力供应这个星球相当部分人民的生活所需，然而西方国家的跨国公司控制了全球价值链中的“研究开发”和“市场营销”两个关键环节，处于谷底的中国企业在全球生产体系中能够获取的利润份额极为有限。持续的国际金融危机和贸易冲突，使得以中国为代表的发展中国家企业面临严峻的生存压力。在这一背景下，“一带一路”所倡议的跨境经济合作区如何重塑全球价值链和合理治理外包体系就显得尤为重要。

最后，讨论跨境经济合作区的投资保障治理。基于“一带一路”倡议项目中所涉及的投资规模角度分析，无论是国家还是投资者，其中最大的风险就是基础设施建设导致的财政风险，尤其对已经存在巨额债务的国家更是如此。因此，对于融资条款必须要使其中的每一款内容都非常明确，不应存在混淆的条款甚至是字眼，相关条款清晰透明，同时还要满足国际财政标准框架的要求。“一带一路”倡议对于地方人口、地区环境也同样会形成一定的影响，围绕项目建设有可能会出现乱砍滥伐、生态污染、环境退化等方面的问题，而这些负面问题的产生则是与贸易规模不断扩大、经济增速变快等有利影响共同存在的。因此，对于倡议项目的建设，各国政府应将其上升到战略高度，就怎样可以有效削弱负面影响有更进一步的思考，并深入探讨怎样能够减少对环境所形成的不利影响，从而使项目建设能够有条不紊地推进，同时与环境之间形成更为友好的关系。

本书的研究根据不同的侧重点，从问题导引和对策建议两个层面逐步展开，主要采用理论分析与实证研究相结合的方法，对跨境经济合作区进行总体性考察和宏观描述，选取跨境经济合作区治理典型个案进行类型化考察和微观解剖，从而使整个研究更具针对性和现实性，更符合跨境经济合作区治理的实际需求。

具体研究方法如下：（1）文献研究法。课题组拟收集和整理大量相关文献，并在此基础上设计相关调查问卷、调研提纲和访谈提纲等，并进行相应的实证分析。（2）实地调研法。通过问卷调查法和访谈法，获取跨境经济合作区的第一手资料，以分析跨境经济合作区所涉及治理问题的最新现状，并为实证分析跨境经济合作区治理提供数据支撑。（3）比较分析法。分别对比各类跨境经济合作个案地区的治理现状，通过对跨境经济合作区和参与国经济社会平均发展水平的对比，评价跨境经济合作区的发展地位和发展阶段，以此得出不同跨境经济合作区治理需求的侧重点。（4）案例分析法。通过跨境经济合作区案例，详细阐述跨境经济合作区治理制度创新——结构性治理创新、功能性治理创新和投资保障机制创新，以更好地分析论证跨境经济合作区治理所需的模式、流程和特点等。（5）定量分析法。利用联合分析法和结构方程模型定量分析跨境经济合作区治理的影响因素和主要障碍，量化各因素的影响程度，找出跨境经济合作区治理制度创新的主要障碍因素（见图1－1）。

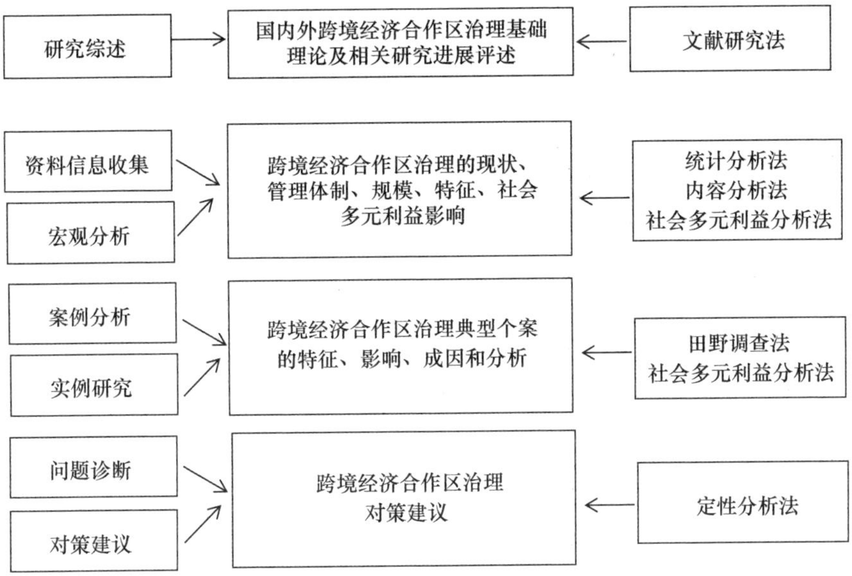

图 1－1　研究框架

第二节　跨境经济合作治理的经济法基础

一　经济法治理跨境经济合作的缘由

跨境经济合作是国家之间根据各自的资源禀赋特征规划，在跨境地区进行产业规划追求共同的产业发展目标，实现各自的国家经济社会发展目标，是国家产业治理职能的体现和延伸。传统的国际贸易，一般可由国内私法、国际条约和国际惯例法等来治理并实现其秩序。20 世纪以来形成了以贸易自由为中心的国际贸易法、外汇法、关税及税率法和保险法等法律部门的国际经济法律体系。[①] 然而这一国际经济法律体系并不是封闭的，随着国家经济调控职能的深化，出现了两个方向的演化：其一，国家以国内法或者贸易政策直接治理与其他国家的贸易关系，如美日、美欧

① 参见［日］丹宗昭信、伊从宽《经济法总论》，吉田庆子译，中国法制出版社 2010 年版，第 640—641 页。

以及中美之间的贸易战等；其二，国家之间形成基于产业政策目标的经济合作法律框架，这一框架具有国内法的法律效力。

跨境经济合作的法律治理与经济法的治理，是一组既有联系又有区别的概念。跨境经济合作的诸多具体问题，如地理区划、贸易关系、财产关系、交易关系、行政管理、环境保护、刑事犯罪等由相应的宪法、行政法、民商法、环境法或者刑法等法律部门进行基础性治理。经济法的治理是在法律基础治理之上，国家根据民族国家间的竞争需要和产业发展需要，对跨境经济合作产生的诸问题进行的政策性和目的性的再次调控。经济法对跨境经济合作的治理，是现代国家普遍直接参与经济诸环节，公共管理渗透到经济生活的产物。[①] 基于跨境经济合作的具体需要，经济法的治理既包括具有实际效力的国内法律和政策规范，也包括跨境经济合作参与各国（或地区）之间的框架协议和治理机制。

跨境经济合作参与各方的民族宗教习俗、经济社会发展和政治法律传统往往存在较大的差异，以完善的规范文本明确彼此之间的权利、义务、风险与责任存在极大的困难，即使能够在一定程度上形成规范文本也会受制于参与各国行政及司法机关的具体实施。跨境经济合作参与的基础性法律治理可能存在严重的先天不足，这就使得跨境经济合作的法律治理高度依赖经济原理和利益协调。经济法治理跨境经济合作的着力点在于参与各方东道国的政府意志，既鼓励保护政府及其官员主导推进跨境经济合作的专业判断和企业家精神，又以法治的问责框架制约行政行为的任性、懈怠和贪腐，保护跨境经济合作微观经济活动主体的合法权益，并使之能够成为国际仲裁等司法途径的最终裁决案件。

二　经济法治理跨境经济合作的价值、理念与法域

“一带一路”沿线国家或地区经历了近代数百年来的殖民掠夺和民族混战，经济、社会、政治和法律的发展水平存在极大的差

① 参见史际春、邓峰《经济法总论》（第二版），法律出版社 2008 年版，第 2 页。

异，有的国家已经可以展开福利竞争，而有的国家仍然深陷全球产业链的底端，还有的国家存在严重的贫富差距放大的宗族与部落冲突。诚然，法的最高价值在于正义、自由和秩序，然而法的价值受制于具体民族国家的经济社会发展水平，经济法治理跨境经济合作亦受制于具体的物质生产生活条件。经济法的价值表现为实质正义、社会效率、经济自由和经济秩序的和谐，经济法治理跨境经济合作则进一步细化为共同发展、共同繁荣与共享和平。全球化进程进一步强化官民捆绑参与国际竞争，现实的跨境经济合作可能进一步凸显了现代市场经济条件下的产业、竞争、规划、财税、金融等领域的经济法治理需求。经济法治理跨境经济合作的理念应当是跨境经济合作的实质正义，其核心内容是实现参与各方之间共同的经济发展，呈现形式为基于“和平与发展”愿景对跨境经济合作场域进行系统性的综合法律治理，是经济秩序、经济效率和经济自由的高度统合。

跨境经济合作区，顾名思义，是相邻国家在边境毗邻地带划出一定区域进行经济合作的区域。在理论经济学的意义上，相邻国家根据次区域的地理和资源禀赋，共同制定相应的产业政策并配套保障性的财政、税收和海关政策，通过聚集资源、人才、物流、资本、技术和信息等生产要素，推动次区域的经济产出能力，次区域通过边缘经济增长中心，促进相邻国家共同优化资源整合和经济社会发展。[①] 经济法治理跨境经济合作主要以传统民商法为基础，并以民商法为基础延伸为对跨境经济合作区的营商环境需求，进一步体现参与各方政府的产业政策发展目标，其法域涉及如下几个方面：其一，相邻国家承认并且尊重彼此的主权和领土完整；其二，相邻国家间在承认边界现状的前提下，各自划出一定区域共同建立经济合作区；其三，相邻国家共同制定合作区企

① 参见梁双陆《次区域国际经济一体化：理论与实践》，人民出版社 2014 年版，第 27 页。See Andrew Cottey, Subregional Cooperation in the New Europe: Building Security, Prosperity and Solidarity from the Barents to the Black Sea, Palgrave Macmillan, A Division of Macmillan Publishers Limited 1999, p. 1.

业、金融、税收、质量、检验检疫、海关、知识产权、投资保障等规则；其四，相邻国家共同建立合作区行政管理机构实施上述规则；等等。

需要强调的是，认为“有关国家划定毗邻区域建立跨境经济合作区是主权让渡”的观点，是错误的。[①] 主要的原因在于，无论是国际上通识的、“一带一路”倡议的还是中国目前所有参与建立的“跨境经济合作区”，合作治理仅仅涉及的是民商事务管辖权（civil administration），并不涉及国际公法的管辖权。即便是对合作治理委员会有限的民商事务管辖权授权，也是经过相邻国家立法机关批准的授权适用，合作治理委员会仍然是所在国家的管辖机构延伸，相邻主权国家仍然对所划定区域行使完整主权。跨境经济合作区民商事务管辖权的具体行使，一般由所在国的相关机构和人员行使。严格国际公法意义上的“主权让渡”，则意味着国家对自己部分领土的主权或管辖权对域外国家、地区或国际组织的让渡，与跨境经济合作区的“民商事务管辖权授权”有着本质的区别。这也是经济法治理跨境经济合作与传统国际法或者国际经济法调整的区别所在。

三　经济法治理跨境经济合作之法的特征

理论经济学基础是跨境经济合作区的实际内容，跨境经济合作区得以实施则依赖于其法律形式和法律治理机制，经济法治理跨境经济合作有如下几个特征：

（一）跨境经济合作具有多重主权性

虽然跨境经济合作只涉及相邻国家很小一部分领土，但是在国际政治和法律意义上则可能产生多重主权效果。跨境经济合作的产品、服务和贸易来源地可以根据国际贸易环境做出对相邻国家间最有利的选择或治理。相邻国家间也可以同时设立多个跨境经济合作区，整合不同地区的地理资源禀赋、商誉和贸易渠道资

① See Diane Stone, Stella Ladi, “Global Public Policy and Transnational Administration”, *Public Administration*, Volume 93, Issue 4, December 2015, pp. 839 – 855.

源，实现最优组合。

（二）跨境经济合作的治理具有特别法性质

跨境经济合作的治理重点是相邻国家基于政治民主的共同参与。相邻国家共同商议形成跨境经济合作协议，共同设立联合治理委员会，共同组建联合执法机制，共同建立投资保障机制。相邻国家已有的法律体系是合作区联合治理的基础和前提，相关跨境经济合作协议仍然分别是相邻国家已有法律体系的组成部分。关于投资基础的物权、合同、侵权、公司、票据、证券、海商、破产等规则仍然需要适用相邻国家各自的规定，只是在合作协议对法律适用有特别规定时，才依据特别法的性质予以适用。

（三）跨境经济合作的重要功能在于解决屏蔽效应

跨境经济合作往往集投资贸易、出口加工、国际物流等功能于一定区域，客观上能够实现人力、资本、物流和矿产资源等跨国的规模化整合配置，促进相邻国家间生产要素更有规模和更有速度地整合。通过经济法治理对屏蔽效应的克服，跨境经济合作区能够进一步促进相邻国家间的文化交流、旅游合作和生态保护。

第三节　2020—2030 年的治理竞争：中国的国际挑战与机遇

中国地处最大的大陆，面向最大的大洋，是全球人口最多的国家，陆地领土面积位居全球第三，主要领土与美国同属北纬 15 度至 55 度之间，是天然的具有全球影响力的国家。2009 年以来在国际经济危机影响之下，很多国家和地区经济增长乏力，需要资金和项目支持。为了推动下一轮的全球经济增长，作为负责任的世界第二大经济体，中国政府 2013 年提出了“一带一路”发展倡议，“一带一路”范围涵盖历史上丝绸之路和海上丝绸之路行经的中亚、北亚和西亚、印度洋沿岸、地中海沿岸的国家和地区。“一带一路”倡议坚持共商、共建、共享的原则，努力实现沿线区域基础设施更加完善，更加安全高效，以形成更高水平的陆海空交流网络；同时使投资贸易的便利化水平更有效地提升，建立高品质、高标准的自由贸易区域网，以使沿线各国经济联系更加紧密，政治互信更加深入，人文交流更加广泛。中国政府的倡议，得到了沿线大部分国家和地区的响应和支持，丝路基金和亚洲基础设施投资银行先后成立，《“一带一路”国际合作高峰论坛圆桌峰会联合公报》于2017年由与会各国通过。

一 国际法依据与治理机制问题

现有国际经济法律体系是二战后自由贸易和冷战对峙的产物，而跨境经济合作区则是国家或地区间打破对峙走向合作的创新，截至目前国际上并没有形成关于跨境经济合作区的建议国际法文本，各国间往往采用双边、多边协议或者备忘录来处理。“一带一路”跨境经济合作区面临的真正挑战是，这些双边、多边协议或者备忘录的可执行性。解决协议和备忘录的可执行性，一方面需要双方共同设计跨境区的合作治理机制，另一方面需要该治理机制能够纳入双方的治理体系。

根据沃茨（Waltz）以无中央权威的无政府状态对国际关系系统的定义，现实主义理论有两个分支，其一是经典现实主义（classical Realists），其二是结构现实主义（structural Realists）或者新现实主义（neorealists）。[①] 国家是拥有自治权利的主权实体，国家之间不存在彼此可以“命令—指挥”的关系结构。在这个无政府系统中，国家实力是核心，也只有通过实力，国家才能保护自己的独立。现实主义理论从军事、经济和外交等几个角度来理解国家实力，并以此来讨论国际强制性权力的配置。对于现实主义理论，米尔斯海默（Mearsheimer）归纳为四点：其一，国家的主要目标是保持主权独立，外敌入侵是其面临的紧迫威胁。即使

① Kenneth Waltz, James Fearon, “A Conversation with Kenneth Waltz”, *Annual Review of Political Science*, Vol. 15: 1 – 12 (Volume publication date June 2012).

是一个国家的国内利益、文化战略和立国宗旨更多倾向支持国际合作目标，国际关系的无政府状态仍然迫使国家在实际行动上维持足够的实力保护其独立。其二，国家都是理性行动者，国家各种行为的最终目标都是最大化其独立的目标。其三，一个国家一旦拥有一定的军事实力，其邻国总是怀疑这个国家的目的所在，世界总是这样的危险和不确定。其四，这个世界本质上是强权之间的博弈，无论是经济还是军事，国际关系的历史就是国际间政治实力的角力历史。①

根据米尔斯海默的观点，现实主义理论内部在一些问题上也存在分歧。攻击性现实主义者认为，国家往往寻求实力最大化，如果敌对国家掌握了足够的实力威胁其他国家，其他国家就不可能安全，因此一个国家的最优策略就是尽可能谋求区域霸权（Hegemony）。防守型现实主义者以沃茨（Waltz）为代表认为控制型的区域霸权并非国家的明智策略，一个国家寻求区域霸权地位，很可能会招致与周边国家的危险冲突，因此更为强调实力均衡系统，实力对比的均衡使得任何一个国家都不大可能贸然攻击其他国家。全球主要国家的实力对比，是现实主义理论的基础概念。②

米尔斯海默指出，现实主义理论对无政府和权力的强调，使得他们很少关注国际法和国际机构的作用。现实主义理论认为，所谓国际法和国际机构仅仅是大国实力的平衡结果，对具体的国家行为没有约束力和影响力。在一个没有科层治理体系的无政府状态，现实主义者认为法律只能通过国家实力才能得到强制实施。因此问题产生了，为什么一个国家要对可能无关自身利益的结果预支自己的强制执行力？既然强制执行力是不可能的或者可能是欺骗性质的，为什么会有国家预先同意签署一个协议或者建立机

① Peter Toft, John J., "Mearsheimer: an Offensive Realist between Geopolitics and Power", *Journal of International Relations and Development*, Volume 8, Issue 4, December 2005, pp. 381–408.

② Kenneth N. Waltz, *Theory of International Politics*, Waveland Press, 1 edition, February 5, 2010.

构约束自己的行为？在这个意义上，国际法和国际机构只有能够成为一个国家法律体系的一部分，这样的国际法和国际机构才是能够被施行的。并不是国际法规则能够决定一个国家的行为，而是国家实体利益和实力扩张的需要，国际法规则才可能会被承认，国际法是国家行为的结果，而不是原因。虽然现有的国际法体系并不特别考虑某个国家政体的特征，但是国际组织的设立和运行一般都会遵循自由主义的理论。以国际刑事法院为例，战争犯罪或者反人道罪行的裁判管辖权，大多数情形下要高于国内法庭的裁判效力。

按照现实主义理论的思路，国际关系系统是无政府的，国家是自我利益最大化的理性主体，因此国家之间的关系具有很大的不确定性。尽管如此，通过微观经济学和博弈理论对跨境区治理机制的分析，还是可以发现国家与国家之间的合作也是可能的。罗伯特·基欧汉（Robert. O. Keohane）的研究表明，在特定条件之下，国家之间的合作应当是理性和自我利益最大化的结果。假设有两个贸易伙伴，如果两个国家都降低关税，他们都会从贸易之中受益，但同时在无法确定对方会减少贸易壁垒的前提下，没有人会主动降低自己的贸易门槛。[①] 现实主义理论可能会提出质疑，缺乏强制执行力的治理机制是否能够可持续？对于贸易双方都有激励以开放贸易为名向对方倾销商品，同时限制进口数量。

机制功能主义学说（Institutionalism）认为，通过设定双方接受的规则、习惯、决策程序和工作流程，治理机制（institutions）能够克服国家间合作的不确定性。[②]

首先，治理机制能够延伸国家间相互合作的时间限度，实现多回合博弈，而非一次性的零和博弈。在一个回合的关税谈判中，一个国家确实能通过骗取他国而从中获益。但是在一个治理机制

① Robert O. Keohane, Joseph S. Nye, *Power and Interdependence: World Politics in Transition*, 3rd ed. Longman, 2001, pp. 20 – 28.

② Anne-Marie Slaughter, International Relations, Principal Theories, Wolfrum, R. (Ed.) *Max Planck Encyclopedia of Public International Law*, Oxford University Press, 2011.

框架下考虑到长期重复性的合作，国家就会更为倾向于遵守协议。治理机制能够提升国家良好声誉的效用价值，同时也会增加国家违反约定所付出的成本。

其次，治理机制能够增加国家行为的透明度和可预测性。治理机制能够收集国家行为的各种信息，无论国家是遵守规则还是不遵守规则，除非完全脱离国际体系，否则任何国家的任性都很难逃脱既有治理框架的掣肘。

最后，治理机制能够促进国家间合作的效率。国家之间不可能就每个细节问题进行协商谈判，治理机制能够降低国家间彼此协作的交易成本，能够提取文本规则和规范的关键节点，由此使得国家能够较为方便地就具体事件做出决策和行为。对于现实主义理论对国际法和治理机制的怀疑，机制功能主义学说提供了令人信服的解释。

机制功能主义学说在理论和实践上，解释了国际法“为什么”以及“怎样”有效运行的经济学基础，同时以治理机制为基础也更为容易形成国家间具有实际效果的权利、义务、责任和风险的法律关系结构。

二 中国应对挑战的政治智慧与跨境经济合作区发展构想

中国国家主席习近平在瑞士达沃斯世界经济论坛2017年年会作开幕式演讲。[①] 世界到底怎么了？习近平给出两个判断：其一，困扰世界的很多问题，并不是经济全球化造成的；其二，经济全球化确实带来了新问题，但我们不能就此把经济全球化一棍子打死，而是要适应和引导好经济全球化，消解经济全球化的负面影响。如何才能走出困境？习近平开出4剂“药方”：第一，坚持创新驱动，打造富有活力的增长模式。第二，坚持协同联动，打造开放共赢的合作模式。第三，坚持与时俱进，打造公正合理的治理模式。第四，坚持公平包容，打造平衡普惠的发展模式。习近平主席

① 《世界怎么了？中国还行不行？习近平达沃斯回应三大关切》，2019年4月25日，人民日报全媒体，http://politics. people. com. cn/n1/2017/0118/c1001-29033542. html。

2019 年 3 月 26 日在巴黎出席中法全球治理论坛闭幕式，再次就当前全球化及全球治理问题发表重要讲话①，倡议各国坚持共商共建共享的全球治理观，坚持全球事务由各国人民商量着办，积极推进全球治理规则民主化；倡议各国继续高举联合国这面多边主义旗帜，充分发挥世界贸易组织、国际货币基金组织、世界银行、二十国集团、欧盟等全球和区域多边机制的建设性作用，共同推动构建人类命运共同体。习近平主席在 2019 年 4 月 26 日第二届“一带一路”国际合作高峰论坛开幕式上的主旨演讲，更是倡议“要努力实现高标准、惠民生、可持续目标，引入各方普遍支持的规则标准，推动企业在项目建设、运营、采购、招投标等环节按照普遍接受的国际规则标准进行，同时要尊重各国法律法规。要坚持以人民为中心的发展思想，聚焦消除贫困、增加就业、改善民生，让共建‘一带一路’成果更好惠及全体人民，为当地经济社会发展做出实实在在的贡献，同时确保商业和财政上的可持续性，做到善始善终、善作善成”。②

互联互通是资源整合和市场经济的客观需要，一带一路沿线的设施互联能够降低资源整合的交易成本，为贸易畅通、资金融通、民心相通和政策沟通提供基本的物质保障，也为进一步发展跨境经济合作区提供了现实可能。未来数十年间国际竞争的核心是对人的竞争，国家或地区将竞争最大规模的各个层级的人力资源，基于围绕服务当地人民、服务人力资源的基本原则，跨境经济合作区的发展构想有如下几个方面：

其一，根据世界银行营商环境要求，探讨完善跨境经济合作区基于民主与合作的多层级治理机制，切实满足当地人民和相关国家的切实需要，有效提升沿线各国人民的参与感、获得感和幸福感。

其二，根据国际交往的通行规则，探讨完善跨境经济合作区治理委员会的成员构成、议事程序、表决规则和争议解决程序，

① 《习近平谈治国理政》第三卷，第 460—462 页。

② 《习近平谈治国理政》第三卷，第 490—494 页。

等等。

其三，根据国际组织的治理共识，细化和完善跨境经济合作区的地理规划、贸易治理、金融与税收治理和海关治理合作，等等。

其四，根据国际投资企业合作与联盟模式的共识，探讨跨境机械部件贸易、跨境加工贸易、无要素生产商和企业内部要素流转的治理建议，等等。

其五，根据已经达成的国际投资保障机制的国际准则，探讨完善投资权益保护的国际法框架，提出裁判管辖权及其主体设置建议，研究投资纠纷处置机制建议、投资纠纷调查与审计治理建议和投资纠纷制裁与救济治理建议，等等。

“一带一路”倡议下的跨境经济合作，并不是片面服务于中国建立的跨境经济合作，而是基于包容、增长和市场机制的理念，综合国际经济共识和国际贸易规则基础提出的治理建议，服务于亚洲内陆贸易路线和海上贸易沿线的跨境经济合作区推进。

第四节 “一带一路”沿线跨境经济合作的现状与问题

一 研究概况和观点提炼

六年来“一带一路”沿线跨境经济合作总体态势积极良好，全球150余经济体和国际经济组织与我国签署了相关合作协议，“六廊六路、多国多港”的基础设施互联互通项目稳步推进。2013年至2018年，中国与“一带一路”沿线国家货物贸易总额超过6万亿美元。截至2018年年底，中国至欧洲班列累计开行超过14000列，运行线路达到65条，累计运送货物近100万标箱，覆盖了亚欧大陆15个国家的55个贸易节点城市。跨境经济合作区的治理框架和协调机制正在逐步取得沿线各国的共识，治理标准和贸易规则在内的软联通合作也在走向深化。然而部分国家反华意识形态对“一带一路”倡议相关项目抱有极大的偏见和敌意，刻意夸大项目建设运营过程中的一般问题，煽动群众上街闹事制造纠纷，阻挠、破坏项目的正常建设。当然在跨境经济合作项目推进、机制运营和管理风险等很多方面，诸多学者进行了不同角度的思考和总结。

刘勇认为“一带一路”倡议项目具有长期性、复杂性、艰巨性和风险性，可以划分为战略性项目和商业性项目，项目设立从不同角度切入，注意地理规划布局合理。“一带一路”倡议正在面临全球化和逆全球化，一方面要遵守传统的国际贸易体系和秩序，另一方面也要积极探索以人类命运共同体为理念的创新治理。①

刘卫东提出了从新自由主义全球化到包容性全球化的思路，认为传统新自由主义全球化需要如下几个方面的改革：其一，通过结合市场有效和政府有为，实现包容性增长；其二，实现包容性的基础设施建设，尽量实现同时服务同时建设，改善建设周期过长所产生的问题；其三，以包容的立场对待不同发展见解，基于“共商、共建、共享”的原则，欢迎不同国家或地区积极参与。②

史育龙认为“一带一路”倡议项目需要在项目推进、项目融资、对接国内和安全保障等方面配套设计长效机制：项目建设运营引入第三方合作，引入多方合作伙伴的捆绑式开发，将基金应用与多元属性项目进行结合，切实减少融资成本。③

洪俊杰认为解决“一带一路”倡议面临的问题，重点在于提升我国在全球贸易价值链中的领导力，完善和补充传统的国际治理或国际规则，通过加工贸易、电子商务和互联互通，在现有全

① 唐璇、张辉：《“一带一路”：全球化转型时代的中国方案》，《经济科学》2018 年第 3 期。

② 刘卫东：《“一带一路”战略的科学内涵与科学问题》，《地理科学进展》2015 年第 5 期。

③ 史育龙：《“一带一路”倡议的立论基础与推进思路》，《经济科学》2015 年第 3 期。

球贸易体系之中引入沿线国家中小企业。[①]

王凯、徐辉以“胡焕庸线和‘一带一路’空间格局”为切入点，认为“一带一路”倡议将推动我国形成更大的空间格局。在节点城市和贸易路线上汇聚全球贸易金融枢纽和跨境电子商务供应链，形成沿海至内陆，向西开放，再全域开放的经济地理体系：其一，通过自由贸易区和产业基地，推进实现国内城市与国外城镇的联动；其二，通过资本、技术和其他产能配置模式，推进沿海城市与国外大湾区进行城市间的深度合作；其三，推进内陆城市与内陆口岸与境外城市实现跨境产业合作区，整合欧亚大陆桥和南亚路桥的基础设施和资源。[②]

王旭关注“一带一路”倡议项目推进在南亚地区的文化摩擦、政治立场冲突和反复博弈，以及美、日、印、俄、欧等外部势力的介入，认为未来的竞争主要将在美国和中国之间展开，提议：其一，运筹新兴大国关系，通过发挥企业市场主体功能化解美方的经济问题政治化；其二，坚持对印的底线斗争，既不激化印度反弹，也不寄希望于印度支持；其三，充分理解周边国家的“两面性”，培养战略耐心和定力。[③]

杨先明、陈瑛、袁帆等认为，经济走廊是我国在“一带一路”倡议的重要建设内容，吸引大量的企业进入跨境经济园区，是推动经济走廊的关键。跨境经济走廊沿线的投资激励政策与投资环境有利于吸引寻求资源与寻求效率的企业入驻，跨境经济走廊地区的企业聚集功能正在形成，通过调整跨地区间的投资政策及进一步完善投资环境，为生产要素的聚集奠定基础，才能推动更多

---

① 洪俊杰：《中国海外并购的动因研究——基于广延边际与集约边际的视角》，《经济研究》2017 年第 1 期。

② 王凯、徐辉：《建设国家中心城市的意义和布局思考》，《城市规划学刊》2012 年第 3 期。

③ 王旭：《中巴经济走廊建设中的主要问题与对策建议》，载《“一带一路”跨境通道蓝皮书》，社会科学文献出版社 2016 年版。

跨境经济走廊的发展。[①]

王赞信、魏巍等从三个角度探讨建立跨境经济合作区的制度基础[②]：其一，完善制度环境，包括行政机构、司法机构和政策三个部分，需要通过边界两边政府间的商议，建立统一且与两国政治体制相容的制度架构。其二，建立合适的治理模式，可从结构、管理和政策三个方面来把握。其三，在完善的制度环境和正确的治理模式的前提下，发展跨境经济合作区的核心是促使区域内资源达到最优配置，资源配置的决定权可以是集中的或分散的，它们存在着不同的权力制约关系，因而需要建立不同的资源配置决策机制。

边界效应跨境经济合作区的理论基础，梁双陆[③]指出，在开放条件下，边界具有从关税减让效应扩大到市场扩展效应、资源聚合效应、资本跨境流动效应、技术跨境转移效应和毗邻两国边境地区双币流通效应等开放效应。跨境经济合作区是边界开放效应充分释放的特殊区域。中国与周边国家存在很大的发展差异和很强的产业梯度，决定了我国陆疆的跨境经济合作区与沿海地区的跨境经济合作区有天然差别，不能以商品贸易为主，应实施以发展产业集群、形成产业关联为主的模式推进。

二 跨境经济合作的现状

亚洲内陆贸易路线和海上贸易沿线存在着欧亚经济联盟（Eurasian Economic Union），中亚联盟（the Union of Central Asian Nations），东南亚国家联盟（Association of Southeast Asian Nations），南亚区域合作联盟（South Asian Association for Regional Cooperation），海湾阿拉伯国家合作委员会（Cooperation Council for

---

① 杨先明、陈瑛、袁帆：《“一带一路”沿边产业带的企业集聚效应研究——基于GMS经济走廊企业调查数据》，《亚太经济》2018年第3期。

② 王赞信、魏巍：《跨境经济合作——原理模式与政策》，社会科学文献出版社2017年版，第216页。

③ 梁双陆：《边界效应与我国跨境经济合作区发展》，《天府新论》2015年第1期。

the Arab States of the Gulf-GCC）等多个涉及次区域经济合作的组织，这些组织的背后同时与北大西洋公约组织、独联体、上海合作组织、集体安全条约组织、英联邦、阿拉伯国家联盟、伊斯兰合作组织、石油输出国组织、突厥语国家合作委员会多个国际组织相互交叉相互冲突。

“一带一路”倡议项目大部分还处于持续投资和增加贸易的时期，跨境经济合作目前主要限于相互开放市场，并没有建立沿线大市场的经济整合目标，缺乏关于如何治理的框架性文件。欧亚联盟，中亚联盟，东南亚国家联盟，南亚区域合作联盟，海湾阿拉伯国家合作委员会等区域性经济组织尚未形成严格意义上的区域性国际经济一体化组织，在现实上主要的功能在于政治联盟和集体立场协调，现实的区域经济整合功能相对有限。欧亚联盟试图推进俄罗斯、白俄罗斯和哈萨克斯坦的经济统一和关税同盟。中亚联盟拟议主要处理国际边界、贸易、签证制度、旅游和安全问题，试图实现更紧密的经济一体化、共同市场和单一货币。但是欧亚联盟和中亚联盟由于内部存在一定的政治分歧而进展缓慢，更为困难的在于两个联盟本身存在一定的互斥性而面临较大的不确定性。以区域资源整合视角而言，上述两个联盟涉及的国家其市场的互补性不足，主要出口的石油、天然气、矿产等自然资源高度依赖于中国市场，而进口的产品也大部来自中国。与中国开展跨境经济合作更有利于当地人民从经济发展中获益，有益于未来的产业经济提升和贸易环境改善。东盟虽然已经建立一定的组织协调机制，但是缺乏集体行动能力，成员国之间存在严重的领土主权纠纷和严重的民族宗教冲突，对内的产业整合和经济政策协调都面临较大的困难。东盟国家内部也存在市场互补性不足，进出口贸易高度依赖中国、日本、美国、韩国等，具有较好的关于具体项目的跨境经济合作前景。

亚洲国家由于政治、历史、民族和宗教原因，多个地区存在短期内难以调和的领土主权纠纷，容易诱发局部军事冲突；国家之间和国家内部的民族宗教问题容易诱发社会冲突，部分亚洲国家的中央政府与地方政府之间甚至存在严重的政治对峙和军事冲突。这些使得难以形成区域性的超国家权力机构，而较为依赖于国家间部长级以上会议或国家首脑之间的直接协商。周边国家对于与中国建立跨境经济合作区的谨慎态度，一方面是受到域外国家政治意识形态的影响，另一方面也是对自身主权问题的顾虑。①

以中国龙邦—越南茶岭跨境经济合作区为例，推进跨境经济合作的现实问题主要集中在如下几个方面：（1）经济社会发展差异和政治互信。虽然中国与越南均为社会主义国家，但行政效率与体制却仍然存在诸多不同，这样一来，势必会导致工作及沟通上的不同步，进而对双方的合作产生负面影响。茶岭位于越南与中国交界处的高平省，由于经济发展及自然环境等多重因素的影响，当地口岸经济与交通基础设施较为落后，且工业基础十分薄弱，主要产业包括有色金属开采、边贸、林业和农业等。茶岭与越南首都河内虽然只有 300 公里，但是因为基础设施较差，车程大约需要 5 小时，路途遥远对越南跨境物流的便利性与时效性存在巨大影响。（2）部门协调与地方政府能力。为了促进跨境经济合作区更好地建设与发展，当地政府应与检验检疫、海关、财政、国土资源以及外交部门建立良好的合作关系，地方政府自身的力量是不足以支撑跨境业务的开展的。靖西市的用地指标极为有限，并不能完全满足跨境经济合作区的建设需求，且龙邦口岸的人流与车流难以实现完全分离，导致很多项目一直搁浅，不具备实施的条件。不仅如此，跨境经济合作区还存在单面负责、办事效率低等管理难题。

三　跨境经济合作亟待解决的问题

先后经历两次世界大战，巨大的人员和财产损失，使得欧洲国家人民能够在历史文化的更深层次反思战争的原因，彻底反思领土主权、民族主义和种族主义的根源，较为容易取得建立经济

① Serafettin Yilmaz, Liu Changming, "China's 'Belt and Road' Strategy in Eurasia and Euro-Atlanticism", *Europe-Asia Studies*, Volume 70, Issus 2, 2018, pp. 252 – 276.

一体化的共识，较为容易以政治现实的立场推进制度性框架协议消除边界的屏蔽效应，超国家权力机构和公开透明的工作机制都保障了欧洲国家间跨境经济合作的顺利实施。[①] 亚洲地区的跨境经济合作不可避免地涉及相邻国家之间的领土纠纷，但是以人类文明发展视角而言，尊重各国人民的诉求，尊重现状，最大限度地以和平途径解决相关争议一定是最好的选项，这也为建立跨境经济合作区奠定了政治前提。“一带一路”倡议下的跨境经济合作治理重点探讨如下几个方面问题的解决：

（一）建立相邻国家之间的政治互信

相邻国家之间的政治互信是跨境经济合作的政治基础，这样的政治基础来自三个方面：其一，相邻国家之间关于跨境经济合作的战略共识和合作框架；其二，相邻国家边境地区的地方政府之间能够达成跨境经济合作区的具体实施方案，相关地方政府与其中央政府能够保持法律和政策的一致；其三，跨境经济合作的具体项目选定能够得到当地人民群众的理解和支持，所在国中央政府与当地人民群众能够实现跨境经济合作的政治共识。

（二）明确跨境经济合作区的营商环境需求

俄罗斯、越南、老挝、哈萨克斯坦等国与我国已经拟签署、签署或已建立部分跨境经济合作区，但是相关意向性协议、合作协议或备忘录更多停留于双方的共识性。由于相对缺乏对国际营商环境的关注，并没有形成清晰的合作治理思路，所以在目前阶段尚未形成合作治理所需的具体制度规范和运营机制，对于私人企业的投资缺乏清晰的路径指南、鼓励政策和保障机制。以跨境经济合作区的国际治理共识而言，大量私人企业能够进入合作区是合作区“非政治化”的重要标志，国有企业应当以普通商业企业进入合作区，遵循经济合作与发展组织（OECD）的治理规范，与私人企业公平竞争。

① Alexander Libman, “Linking the Silk Road Economic Belt and the Eurasian Economic Union: Mission Impossible?” *Caucasus International*, Vol. 6, No. 1, Summer 2016, p. 41.

（三）基于国际合作的地理规划与产业政策

由于地理资源禀赋，亚洲内部贸易路线或海上贸易沿线的相邻国家往往提供较高同质性的产品和服务，部分国家间漫长的边界线则需考虑选址的出海口，部分国家间接壤地区则因为地理原因而不适宜建立跨境经济合作区。中国可以争取与英、美、俄、日、韩等国的战略投资者或机构投资人共同作为资本提供方，共同制定地理规划和产业政策，鼓励相关国家建立符合国际治理标准的跨境经济合作区。协调地理规划和产业政策有助于化解跨境经济合作区的重复建设、恶性竞争以及未来的市场保障和风险管理问题。

（四）符合国际共识的法律和治理机制

跨境经济合作区不仅需要相邻国家之间的法律治理协调，也需要所在地区地方政府和司法机关与所在国中央政府、司法机关之间的协调。具体的法律和治理机制则主要包括三个方面：其一，治理主体，包括治理主体的人员构成、议事规则和争议解决程序，等等；其二，具体治理事务，包括人员流动、贸易标准、金融与税收、土地使用、海关合作，企业治理建议，等等；其三，投资权益保障的国际裁决和执行机制，等等。

第五节　跨境经济合作区治理的研究重点

一　人类命运共同体的新理念

中国政府提出了人类命运共同体理念和“一带一路”倡议，在构建未来数十年甚至上百年的国际格局上，率先提出了解决方案。[①] 这一理念可以概括为如下几个方面：

（一）秉持共商共建共享原则，倡导多边主义

“一带一路”倡议涉及大量的基础设施建设，对于西方国家的发展路径而言是经济社会发展带来了基础设施建设的结果，而对

① 蔡拓、陈志敏、吴志成、刘雪莲、姚璐、刘贞晔：《人类命运共同体视角下的全球治理与国家治理》，《中国社会科学》2016 年第 6 期。

于广大发展中国家而言则是基础设施建设改善民生推进经济社会发展。而基础设施建设往往涉及社会多元的利益相关方，项目投资周期长、资本回报率低而且容易受到政治和经济风险影响。因此，相关国家或地区的利益相关方共同参与商议，共同参与建设，共同享有收益，建设多边合作机制，既能实现合作项目的长期性、稳定性和收益性，又能长久地实现所在国家和地区的和平发展。

（二）坚持开放、绿色、廉洁理念

发展不平衡是当今世界最大的不平衡。中国倡议的面向各个国家和各个民族的开放机制，反对任何形式的“种族中心主义”、“种族优越主义”和“文化中心主义”，坚持人类与环境的和谐共存。西方国家可以走先发展后治理的路径，但是对于发展中国家而言，以今天的技术和规模而言，再走先发展后治理的路子，无异于环境自杀。中国政府高度强调实施“绿色丝路使者计划”，鼓励不同国家共同应对环境变迁和气候变化。“一带一路”倡议项目将高度契合所在国家的农业、卫生、减灾和水资源等领域的合作。以国际最高贸易标准建立海关、税收和审计监管，最大限度防止腐败行为的发生。

（三）实现高标准、惠民生、可持续目标

以“人民为中心”，保障和服务人民。中国倡议推进世界各国人民之间不同层面、不同观点、不同组织之间的交流与对话，高度重视人的发展和人力资源的培养，而不是片面的福利救济，文明文化之间相互学习、相互借鉴，消除误解，实现合作。根据国际上普遍接受的治理标准，实现企业和社会的可持续性发展，增加就业、减少贫困，最终使得相关国家的人民受益。

二 跨境经济合作区的治理目标重点

基于人类命运共同体理念，“一带一路”倡议的跨境经济合作区的设立方式、治理模式和投资权益保障机制，不仅可以建议在亚洲、欧洲和非洲施行，其他大洲的跨境经济合作也可以参考。亚欧大陆板块和非洲板块相连，占全球陆地面积约 56.4%，占比全球总人口约85.7%，是世界上地理、资源、民族、政治、经济、历史、文化、宗教和社会发展阶段最为多元和最具差异性的区域，在这一区域建议广泛接受的跨境经济合作模式，将对世界地缘政治和人类历史格局的演变具有极其深远的意义。跨境经济合作区治理的研究目标重点有如下几个方面：

（一）保障建设高质量、可持续、抗风险、价格合理、包容可及的基础设施

跨境经济合作区往往涉及基础设施，保障和支持基础设施建设需要如下几个方面治理机制的支持：其一，根据国际法基本原理和国际关系的基本准则，参照国际通行的营商环境标准，建立完善的合作区法律框架，并配套保障相邻国家地方与中央的纵向层级治理机制，保障项目建设真正惠及相邻国家人民；其二，科学设计治理委员会主体、议事程序、表决规则和争议解决程序，最大限度保障正常的生产建设工作不受干扰，使项目的相关企业的人身、财产安全和投资者的投资权益得到法律保障，抵御潜在的各种风险；其三，引入国际最高技术标准和环境标准进行建设，确保基础设施建设的高质量和可持续性；其四，科学配套合作区具体治理事务的配套机制，减少不必要的时间和节点浪费，降低交易成本，最终实现基础设施运营的价格合理。

（二）鼓励创新，保障更好融入全球供应链、产业链、价值链

跨境经济合作区的经济活动主体是企业，通过分析企业跨境外包业务的增值模型，依据国际标准实施知识产权，配套设计跨境科研合作的具体实施方案建议，鼓励和保障企业创新。基于企业具体的治理需求，就跨境机械部件贸易、加工贸易、无要素生产商和企业内部要素流转提出具体的治理建议，保障服务企业运营的有效市场竞争，保障企业运营能够融入全球供应链、产业链和价值链，最终实现跨境经济合作区的健康和良好运行。

（三）促进贸易和投资自由化便利化

“意大利面条碗”现象（Spaghetti bowl phenomenon）[①] 被认为是束缚跨境经济合作区生产要素流动的主要原因之一。基于已有的国际法原理和国际关系基本准则，为建立跨境经济合作区提供地理规划、贸易标准、互联互通、金融与税收、海关合作、社会保障，投资纠纷处置和审计监管等相关层面的治理建议，推进实现“多方认可的企业、商品、职业等领域的行政认证制度”，简化商品、资金、技术和人员的流通手续，节约不必要的交易成本，便利生产要素自由流动，为相邻国家的经济发展提供支持。

（四）鼓励资本流入和保障投资权益

参考我国香港、迪拜、新加坡、特拉华等地区的成熟经验和监管秩序，制定国际标准的金融与税收治理模式，鼓励各国资本参与投资，参与企业经营，参与项目建设运营。按照经济合作与发展组织的标准，对国有企业进行监管。国有企业与私人企业同台公平竞争，任何企业都不享有法律之外的特权。同时依据国际通行的法律框架，配套各方接受并具有国际权威的纠纷裁判主体，公平合理地处置投资纠纷，快捷高效地保护投资权益。

① Jagdish Bhagwati, *US Trade Policy: The Infatuation with FTAs*, Columbia University April 1995 Discussion Paper Series No. 726.

第二章

跨境经济合作区的法理基础与治理机制

第一节　跨境经济合作区的概念解析

实践中的次区域跨境经济合作区，也可以表现为出口加工区、保税区、自由贸易区、边境合作区、开放试验区等具体形式，是最近 40 年时间里广为接受的一种国家与国家之间进行经济合作的形式。欧盟已经建立超过 70 余个跨境经济合作区，其中较为成功的案例如欧洲法国、德国和瑞士之间的“上莱茵河合作区”（Franco-German-Swiss Conference of the Upper Rhine）①，亚洲国家新加坡、印度尼西亚和马来西亚在毗邻地区建立的新加坡—廖内—柔佛州增长三角区（Singapore-Johor-Riau Growth Triangle）②，以及 2018 年 9 月 30 日美国特朗普当局推动形成的美国、墨西哥、加拿大协议（United States-Mexico-Canada Agreement，USMCA）③。中国参与建立的次区域跨境经济合作区主要有，中国哈萨克斯坦霍尔果斯国际边境合作中心，中国老挝磨憨—磨丁经济合作区，中国缅甸瑞丽—木姐跨境经济合作区，中国红河—越南老街跨境经济

① Upper Rhine Conference，2019 年 5 月 5 日，https://en. wikipedia. org/wiki/Upper_ Rhine_ Conference。

② Indonesia-Malaysia-Singapore Growth Triangle，2019 年 5 月 5 日，https://en. wikipedia. org/wiki/Indonesia% E2% 80% 93Malaysia% E2% 80% 93Singapore_ Growth_ Triangle。

③ United States - Mexico - Canada Agreement，2019 年 5 月 5 日，https：//en. wikipedia. org/wiki/United_ States% E2% 80% 93Mexico% E2% 80% 93Canada_ Agreement。

合作区，中国东兴—越南芒街跨境经济合作区，中尼跨境经济合作区，等等。

跨境经济合作区并不是世界贸易组织多边贸易体系的内容之一，在我国与哈萨克斯坦共同探索建设“霍尔果斯国际边境合作中心”时曾经出现了多个称谓，如“贸易、经济和投资合作中心”“跨境经济贸易和投资合作中心”“跨境国际合作区”“国内自由贸易区”，等等。在中哈双方元首的共同关切下，2004 年 7 月 27 日，我国新疆维吾尔自治区人民政府与哈萨克斯坦阿拉木图州政府签订了《关于建立中哈霍尔果斯国际边境合作中心的框架协议》。2006 年 3 月 17 日，中国国务院综合各部委意见后，下发了《国务院关于中国—哈萨克斯坦霍尔果斯国际边境合作中心有关问题的批复》（国函〔2006〕15 号），对“中心”及其配套区的功能定位、优惠政策等作了明确的批复。2009 年 4 月 1 日，商务部《关于请我部推荐专家对中哈霍尔果斯国际边境合作中心中方区域政策进行研究等问题的复函》（商欧洲司函〔2009〕369 号）中指出霍尔果斯国际边境合作中心是我国首个“跨境经济合作区”。①

跨境经济合作区，顾名思义，是相邻国家在边境毗邻地带划出一定区域进行经济合作的区域。在理论经济学的意义上，相邻国家根据次区域的地理和资源禀赋，共同制定相应的产业政策并配套保障性的财政、税收和海关政策，通过聚集资源、人才、物流、资本、技术和信息等生产要素，推动次区域的经济产出能力，次区域通过边缘经济增长中心，促进相邻国家共同优化资源整合和经济社会发展。在法学的意义上涉及如下几个方面：其一，相邻国家承认并且尊重彼此的领土主权完整；其二，相邻国家间在承认边界现状的前提下，各自划出一定区域共同建立经济合作区；其三，相邻国家共同制定合作区企业、金融、税收、质量、检验检疫、海关、知识产权、投资保障等规则；其四，相邻国家共同

① 孙霞：《中哈霍尔果斯国际边境合作中心跨境经济合作法律问题研究》，博士学位论文，大连海事大学，2015 年。

建立超主权的合作区行政管理机构实施上述规则；等等。理论经济学基础是跨境经济合作区的实际内容，跨境经济合作区得以实施则依赖于其法律形式和法律治理机制。

第二节　跨境经济合作区法理分析：从国家中心到经济民主

当代世界跨区域联系的规模和速度都是空前的，这就使得中央统制的经济治理模式变得愈加困难，国际经济的多极化、多节点和网络化的治理逐渐浮现。[①] 尽管全球化已经升级了国家的很多属性，但是国家仍然是多极化治理的关键节点。全球化为次区域的行政机关开启了超越其传统国界的可能性，中央政权直接处理所有国际关系的不适当性，也鼓励了更多次区域的经济治理模式，此时次区域治理模式成为中央政权许可的实验区，为中央政权提供政策调整的空间。新自由主义政策和全球化鼓励私人企业治理模式的扩展，集权式向多极化的治理转型，也使得民间社会关注的焦点，从意识形态的国家本身转向细致观察国家治理的横向维度和纵向维度。

一　威斯特伐利亚和约主权体系与现代挑战

19 世纪后期至 20 世纪中叶期间，中央统制的经济治理模式被很多国家所接受，领土范围之内的管制机关不断走向集权制，形成主权国家高于大部分人类共性的局面。[②] 这一时期，原本无处不在的地方自治、信仰习俗和市场竞争逐渐被中央政府的规制所取代，国家制定货币金融法律规则、语言使用法律规则、私人武力

① Neil Brenner, Beyond State-Centrism? Space, Territoriality, and Geographical Scale in Globalization Studies, Edited By Chris Philo, *Theory and Methods Critical Essays in Human Geography*, Routledge, 1 edition, October 28, 2008, p. 24.

② Linda Weiss, *The Myth of the Powerless State*, Cornell University Press, October 15, 1999, p. 4.

救济法律规则、干预婚姻和性行为的法律规则、雇佣劳动的法律规则、正式教育的法律规则、卫生健康的法律规则、遗产继承的法律规则，以及自然资源保护的法律规则等几乎所有的社会关系领域。

中央统制经济模式所对应的世界政治，实质上是国内治理体系在国际关系中的投影。省级政府和市级政府不能以自己的名义处理涉及国家与国家之间关系的事务。在这一体系下，超国家的区域治理不具有可行性，一些所谓的区域间的国际组织也在很大程度上形同虚设，这也是1648年欧洲威斯特伐利亚和约体系（The Peace of Westphalia）所确定的国际关系准则。

威斯特伐利亚和约体系的主权准则认为主权国家在其领土范围内享有至高无上、综合全面、绝对和排他的治理权力。至高无上，即主权国家对其领土范围内的事务享有最终决定权，无须对其他权威主体负责。综合全面，即主权国家有权治理其境内社会生活的各个方面。绝对，即主权国家尊重并且不介入其他主权国家的内政。排他，即主权国家不与其他任何国家分享其国家治理。

20世纪中叶以来全球化进程和跨国经济活动的兴起，使得威斯特伐利亚和约体系的主权准则受到挑战。传统的跨国交易一般以领土范围的跨界来定义其交易性质，但是当代超地域的跨国交易却很难严格定义在一个主权国家的领土范围之内，主权国家也难以在这一领域内享有绝对控制权。特别是近20年来的大规模全球化进程，跨国交易往往在一瞬间发生在与其领土毫无接触的网络空间。任何主权国家都很难继续在领土范围内行使至高无上、综合全面、绝对和排他的治理权力。

全球化的货币和信用卡，使得任何国家都不可能单方面绝对性地决定货币供应量和汇率，也没有任何国家能够对全球性的资本流动施加至高无上和排他性的管辖权。电子商业催生的主权国家内部的亚社会领域交易，形成离岸金融中心，衍生品和对冲基金等，都暗中抵消着主权国家试图增税的社会效果。诸如臭氧层破坏、生物多样性和污染物扩散等全球化的生态问题，也都是传统主权国家所无法单独治理的。

二 超地域化推动跨区域治理的形成

全球化时代使得国家之间的跨境联系愈加紧密，不同国家承担类似职能的政府官员之间需要更多的协作来解决共同面对的问题，跨境信息共享和政策协调对“政府间跨境治理”（trans-governmental relations）有了更多的需求。

跨境国政府之间首脑、外交和军事等日臻密切的交流催生了跨境治理机制的形成，典型如跨境地区有关国家的司法和警务部门之间合作打击犯罪，跨境地区有关国家之间的金融市场监管协调，跨境地区生态与环境监管协调，跨境地区疾病与卫生防疫监管协调，移民服务与难民收容协调。其他层面的跨境联系还有央行、劳工和议会等部门之间的相互合作。

需要指出的是大部分跨国合作并没有遵循传统的国际法教条，而是根据彼此间的协议，而这本身就是对国际法的创新和发展。具体是，很多合作都是以谅解备忘录（memoranda of understanding，MOU）的形式启动，相比较正式的条约（treaty），谅解备忘录无须立法机关的批准，这就使得跨境治理在技术框架更易于先行探索。

传统时代的主权国家外交政策一般通过特定的外交部门来实施，全球化时代的现代国家往往通过多个政府部门、监管机构、立法机关和司法机关等处理涉外事务。现代社会治理难题，如恐怖主义往往滋生于中央统制薄弱的社会空间，铲除恐怖主义绝非传统意义上的地理维度战争，而是适应多极化、多层级和网络化的有效治理。在中央统制的经济治理体系中，所有的政策规划、政策实施、政策监督，以及法律规则的强制实施，都由中央层面的治理机关完成，留给区域自我治理的空间和范围都极为有限。近半个世纪以来的全球化进程和不断扩展的超地域化联系，中央统制的治理模式不断松动和适应。主权国家的中央政府仍然是国际关系博弈的主要和不可或缺的治理主体，中央政府授权地方政府在跨边界的次区域行使一定的治理权限，甚至与邻国形成次区域治理委员会行使双方主权政府授权范围以内的自治也成为可能。

传统治理分散化不仅跨越了纵向层级和横向规模，还体现为私人机构中不断渗透甚至承担公共部门的部门治理职责。现在的跨国公司、跨国金融机构、跨国电信公司、跨国的生态项目等很多全球化面临的问题都衍生出了相应的非政府安排治理机制。这些私人治理安排虽然需要依赖政府治理对其的认可支持，但是毕竟已经取得了相对于国家的自治实体地位，这也是公司法人制度的社会功能和历史价值体现。

也有学者[①]提出了与世界政治相对应的世界治理术语：其一，一旦全球化的规模远远超越了社会的其他层面，那么世界政府的出现就是可能的；其二，如此政体中的居民可能会发展出普遍人类共同体和全球公民等概念。由于这种情况并未出现，也有人用“新中世纪时代”指称当前的国际关系，今天的社会治理结构远非中世纪所能比拟，这一提法显然有失偏颇。网络化治理把握了后中央统制治理模式的重要特征，但是这一提法显然夸张了社会经济治理节点之间的关联性，同时过度强调了代理人与代理人之间的关联性。相比较而言，多极理论把握了当前治理的多节点特征，同时也启发进一步研究节点之间的相互作用。

传统的主权国家是国内利益或国家利益的代表，而现代主权国家则需要考虑在不同主权国家的本国公民的诉求，保护他们免受“外部的”或“外国的”侵犯。威斯特伐利亚的主权国家更为偏好保护本国居民，针对特定阶层、特定教派或者种族群体可能适用特定的法律程序。[②] 受到全球化进程的影响，现代主权国家很少能清晰地区分内外，很难清晰界定排除外国影响的本国利益，逐渐演化为复杂分层的本国和跨国经济活动者之间相互合作与竞

① Luke Ulaş, “Cosmopolitanism, Self-Interest and World Government”, *Political Studies*, Volume 64, Issue 1, February 22, 2016, pp. 105 – 120.

② Miles Kahler, “Global Governance: Three Futures”, *International Studies Review*, Volume 20, Issue 2, June 2018, pp. 239 – 246.

争的平台。

现代国家服务全球金融，这里的全球金融不仅包括外国公司，还包括本国公司的境外金融活动。全球化时代，很少有国家能够完全独善其身，即使能够完全拒绝外国产品，也可能无法阻挡动物迁徙和污染物扩散等生态事件。现代国家的经济政策往往覆盖全球产业链、跨境金融市场、跨境媒体、跨境电信等多个方面。大部分国家都担心，如果不能提供有吸引力的税收和政府监管环境，就会被那些全球逐利的自由资本所舍弃。还有很多国家为了吸引跨境商业集团，毫无掩饰地展开国家间的税收竞争，为跨国企业提供财政补贴和减免企业所得税。新近的趋势是一些国家或地区为全球资本提供离岸特权，以增强对资本的吸引力。一些国家或地区甚至卷入了全球犯罪网络的非法商业活动。

吸引全球流动资本固然非常重要，但是国家不应忽视国内商业利益，很多国家对本国的农业、钢铁和纺织品等特定的产业部门进行保护，国家之间也往往会爆发贸易战。英国电信公司沃达丰2000年收购德国曼尼斯曼电信公司时，在德国引起很大的民族主义反对声浪，但是当反对者意识到曼尼斯曼公司的大部分股份早已经通过资本市场由非德国人所有时，这些反对的声浪也只好不了了之。

现代国家在吸引跨国公司的同时，还更多地引入了跨国非政府组织等多种类型的治理模式。在主权国家不方便直接介入的情形下，往往通过其代理人参与各类跨国组织的政策制定和实施。

三 跨境经济合作区是保障现代主权国家政治经济安全的必要组成

主权国家在人类历史的长河中，根据不同时代的物质生产条件，不断适应、进化和重组。近半个世纪以来交通条件的发展，使得不同国家人民之间得以更加快捷地相互往来，可以更加方便地跨越传统国界所依赖的地理屏障。国家被迫发展出新的能力，应对生态变迁、电子金融、人权和跨境生产等各方面的问题，后威斯特伐利亚和约体系主权国家向现代主权国家的转型有如下几个特征：（1）国家的再定位是同时服务国内事务和国际事务；（2）国家更加侧重服务社会福利；（3）传统战争的定义和特征发生改变，不再局限于领土领海领空，而向其他社会领域延伸；（4）所有部门和所有地方政府都在法律授权范围内履行一定的跨境监管事务。①

全球化使得国与国的关系高度交织捆绑，现代战争能够直接服务政府的目标有限，现代国家不仅很少直接启动战争解决争议，反而是尽最大的努力避免武装冲突。全球化使得现代国家之间有太多的利益联结点，如持有同一家公司的股票，持有同一家的金融票证，来自同一跨国精英群体的政府决策层，等等。国家之间诉诸战争的社会和经济成本极为高昂，而且战争本身即使胜利也未必能够达到发动战争的目的。这些使得现代国家更为倾向于在全球治理中相互合作。在未来 20 至 50 年时间内，以经济合作为纽带，有些国家之间由于民族、文化和历史传统完全有可能形成新的国家联合体。

尽管主权国家之间的总体走势是趋向和平，但是宗教极端主义、民族极端主义、地区分裂势力在一些全球跨境地区往往附加暴力、恐怖、毒品、洗钱、赌博、色情和贩卖人口等违法犯罪行为，这些地区往往地处主权国家之间控制薄弱的地理边界地区，部分犯罪集团完全可能利用威斯特伐利亚和约体系对主权国家的限制，在这些跨境地区建立长期武装割据对抗中央政府。但是相关国家对待这些犯罪集团的政治立场可能存在差异，更加深入的跨境经济合作不仅能够改善相关国家人民的社会生活，还能够提升相关国家解决跨境犯罪集团的共识度。相关国家基于平等和合作以军事行动铲除跨境犯罪集团，成为全球化时代新的战争模式。

因为国家政治安全和经济安全环境的变化，合理处理跨境经济合作是保障现代主权国家政治安全、经济安全的必需手段。史

① Brian C. Schmidt, *The Political Discourse of Anarchy: A Disciplinary History of International Relations*, State University of New York Press, November 25, 1997, p. 43.

无前例的全球性已经降低了国家间的战争需求，国家间对领土征服的需求已经逐步升级为掌控超地域资源。[①] 威胁不仅来自陆、海、空的军事行动，还可能来自互联网、电子金融、跨境产业链、全球消费市场、跨境生态事件等。当然以领土征服为目标的战争仍然是夺取自然资源和推翻他国政府的有效手段，但是现代战争将附加更多的超地域特征。以委内瑞拉为例，美国及其盟国对马杜罗政府的颠覆政策显然不是仅仅通过直接的武力征服实现的，而是大力扶植委内瑞拉境内的反对派势力，附之以产业链封锁、经济制裁和金融封锁等多种手段，外交上第一时间承认反对派，在全方面动作之下实现颠覆目的。

第三节 跨境经济合作区治理的营商环境需求

跨境经济合作区在地理位置上一般位于相关国家的边界地区，较为容易取得政府审批制度改革的效果，建设公开透明的行政监管和法治环境面临的阻力相对较少，因而能够最大限度控制权力寻租、利益集团和路径依赖的不利影响。因此跨境经济合作区更有可能建设贴近市场机制运行的法律体系，这也是历史上往往出现边缘经济增长中心现象的原因之一。以市场机制为基础建立跨境经济合作区的治理体系，既是国际上广泛接受的市场和贸易规则，也能最大限度地激发经济活动主体的创新创造能力，实现跨境经济合作区的健康有序发展。需要强调的是，世界银行评估的营商环境并不是抽象设定所谓有限政府、商人自治、开放社会、司法独立和金融开放等理念，也不是片面考察静态法律文本或协议文本本身是否完备，而是以经营企业获得服务为视角，强调评估企业经营所处法律环境的实际状态，即实际效力法律或协议文本的执行和实施效果，对政务环境如何服务市场

① Manfred B. Steger, *Globalization: A Very Short Introduction*, Oxford University Press, 3 edition, May 19, 2013, p. 2.

经济提出了更为具体和细节的要求。对于长期习惯行政干预、审批本位、所有制归类管理、司法活动政策化和行政限制财产权利等亚细亚生产方式或计划主义遗风陋习的管理机构而言，营商环境导向的改革无异于一场鼎新革故。每年世界银行对全球营商环境的评价指标会有不同，相关条目并非必须设置，综合性的效果高于片面的具体条目指标，对优质营商环境的要求大概有如下几个方面[①]：

一　开办企业

目前营商环境全球排名前列的新西兰、新加坡、丹麦和中国香港特区等地，是全球吸引投资最为活跃的地区。营商，即一个企业家经营一个工业或商业企业面临的环境。世界银行的营商环境评估首先关注的是开设企业，世行会记录行政机关和司法机关要求的全部程序，以及完成这些程序所需要的时间和费用。世行评价标准认为的便捷主要包括如下几个方面：其一，简化登记注册手续，公示、公证和检验的必要性、效率和效果。其二，取消或者降低注册公司所需的最低资本。其三，减少或简化税务、社会保障、行政许可等政务手续。其四，政务手续能够尽可能通过网上办理。其五，政务手续能够尽可能一站式办理完毕。等等。

二　办理建筑许可证

世行评估的标准是：（1）治理体系对建筑行业企业建设仓库要求的全部手续；（2）建筑行业企业根据治理要求建设一个仓库完成各项手续所需的时间和费用。世行评估同时还设计建筑质量控制指数，主要涉及管理建筑质量的管理规范，建筑质量控制的执行，建筑安全机制的执行，建筑质量法律责任的执行，建筑质量保险制度的执行，建筑施工职业资格的执行，等等。世行主要从如下几个方面评估便捷程度：其一，减少申请建筑许可证的时

---

① The World Bank Group, Doing Business 2020, October 24, 2019, https://www.doing-business.org/en/reports/global-reports/doing-business-2020, last visited on Dec 5, 2019.

间。其二，建筑管理的规范文件，精简政务程序，监管透明，节约交易成本。其三，实现相关政务手续尽可能一站式办结。其四，政务手续能够尽可能通过互联网或电子平台辅助完成。

三 办理获得电力供应

电力供应既是现代社会公共基本服务的一部分，也是世行营商环境评估的重要一环。世行评估考察企业根据治理体系要求办理基准生产单位电力供应的全部程序，记录办理每一程序所花费的时间和费用，主要包含如下几个方面：（1）向供电公司或其他机构申请电力连接供电合同；（2）完成供电公司或其他部门要求的审验和批准程序；（3）实现基准生产单位的电力供应连接。世行评估同时还会详细考察电力供应的稳定性和电力价格的透明性，主要涉及供电业务操作与服务机制，电力供应的可靠性，断电修复，电力运行维护，电费成本，用户违约金与罚款，等等。世行重点从如下几个角度切入评估获得电力供应的质量与便捷：其一，供应电力的稳定性；其二，电力价格的公开透明；其三，供电业务操作与服务流程的效率。

四 登记财产

营商环境的登记财产是一个国家或地区财产法实施的实际效果，而不是物权法、担保法和合同法的条文本身。世行评估记录买方如何从卖方购买一项财产，卖方将财产的实际控制移交给买方，买方充分使用该项财产，买方利用此项财产进行抵押获取贷款，卖方处分或售出此项财产等全部所需的程序，以及完成上述程序所花费的时间和金额。世行评估以国际标准土地财产权为参照系，使得登记财产主要指向一个国家或地区与土地相关的法律制度，主要涉及如下几个方面：其一，基础设施的有效性和稳定性；其二，不动产信息的可查询性；其三，不动产的面积范围；其四，解决不动产纠纷；其五，不动产权利的平等取得。鉴于营商环境主要涉及投资的便利和保障，世行评估的重点是不动产交易，并且极为强调观察具有实际效力的程序细节：（1）获取卖方不动产权利登记证明文件；（2）该项不动产权利尽职调查的可行性；（3）该交易是否具备商事外观主义对抗性；（4）买方能否可以贷款抵押的方式获取该项财产；（5）买方已取得该项财产并以此项财产设定抵押贷款；（6）售出不动产权利是否受到限制；等等。

五　获得信贷

世行评估获得信贷的重点并不在于该地区是否具备物权法、担保法、银行法、票据法、破产法等相关法律条文，基本不考察该地区金融机构发放的贷款数量，而着重考察普通市场主体获取信贷的可能性，以及获取信贷是否符合正当程序。具体而言，大致有如下几个方面：

（一）合法权利力度指数

担保法里的合法权利，具体包括：（1）通过观察担保交易的法律权利评估动产担保权益的创设、公示及执行，如动产信托所有权转让，融资租赁，应收债权让渡和所有权保留条款等的实际执行。（2）应收账款、库存等非占有担保权益的可转让性或指令交付。（3）担保权益延伸的资产、孳息或替代品的可取得性。（4）担保合同和登记文书中可以就所主债务和付款义务进行常规性说明，可以供社会公众自由查询，该担保合同可以最大化扩展对债权人的保护。（5）设立有动产担保登记部门，相关债权主体或债务主体即使不具备法人资格也可以适用。（6）担保信息数据检索系统，且该系统仅限查询担保物权，能够提供以担保合同债务人为检索条目，交易相关方可以通过互联网申请注册、查询、修改和删除担保权益信息。（7）债务人进入重整程序的，法院尊重已成立生效的担保合同，尊重当事人以其自愿处理自动冻结或延期偿付。（8）法律许可债权人、债务人之间可以自行约定担保权益的庭外执行，可以自行选择通过公共机构或私人组织的拍卖程序实现债权，可以自行约定债务人以其抵押资产抵债。

营商环境排名靠前的国家或地区法律高度强调对担保债权人的保护，税款一般不得优先于担保债权人，雇员工资主要通过社会保险制度来解决，一般也不得优先于担保债权人。担保债权人在破产法里的合法权利，具体包括：（1）企业进入破产清算程序时，担保债权人获取的赔付优先于缴纳税款和雇员工资。（2）债务人在破产程序中拖延偿付义务的，担保债权人的赔付优先于缴纳税款和雇员工资。

（二）信用信息深度指数

世行评估并不直接涉及具体个人或公司的信用信息，而是关注征信体系所提供信息的内容、类型、有效性和可查询程度。

1. 借款人的信贷记录

该常规信息已为大部分金融机构所采纳，主要涉及：（1）借款/贷款的金额。（2）未偿还借款/贷款的金额与次数。（3）准时还款的情况。

2. 信贷登记或信用数据机构

（1）提供不少于两年的历史信息。（2）查询贷款和信用信息是否被收费。（3）贷款和信用数据信息的增值服务。

六　保护中小股东投资者

世行营商评估英文版本该条目为 Protecting minority investors，世行发布的中文版本和我国上海等地一些学者对应使用“保护少数投资者”，我国香港和其他地区很多学者更多使用“保护中小股东投资者”。“少数投资者”的中文表述可能产生严重的歧义，考察世行使用该条目的具体语境以及该条目产生的理论体系，英文“minority investors”一词主要是指公司之中的不占股权主要地位的少数派股东，因此“保护中小股东投资者”的表述更为接近于该条目所对应的中文理解。营商环境的核心是保护产权，相对于已有的《公司法》、《证券法》和《民事诉讼法》的条文而言，世行评估更为强调关注产权保护的可能和效果，主要体现如下：

（一）纠纷调解指数

1. 关联方交易的透明度

中小股东投资者能否有机会知道公司的相关信息，法律对公司披露信息的要求，涉及：其一，公司治理结构能实际约束公司大股东或者实际控制人的关联交易决策，且存在利益冲突的大股东或者实际控制人不能参与表决。其二，关联交易发生之前应当经过独立审计机构或其他独立第三方的审核，否则该交易不得进行，法院不得强制要求公司履行该关联交易。其三，公司大股东或实际控制人应当向董事会或监事会披露关联交易的具体内容，以及利益冲突的具体情形。其四，要求公司及时向社会投资者、利益相关者、行政监督管理部门披露相关信息以及利益冲突的具体情形。其五，要求公司年度报告披露公司交易的具体价格或非价格条款条件，以及利益冲突的具体内容。

2. 中小股东对关联交易提起诉讼及问责大股东或实际控制人

主要涉及中小股东是否有权利以及能否通过诉讼要求董事承担相关法律责任，主要涉及：其一，持有公司10%或以下股份的股东得以起诉要求大股东或实际控制人赔偿其关联交易给公司造成的损失。其二，如果关联交易对股东造成不公平待遇或者偏见性损失的，持有公司10%或以下股份的股东能够起诉及问责大股东或实际控制人。其三，持有公司10%或以下股份的股东能够起诉或问责不当履行或怠于履行职责的董事、监事或其他高级管理人员。其四，中小股东的合法诉讼请求得到法院确认，法院能够判决要求大股东或实际控制人给公司支付赔偿金。其五，如果法院支持中小股东合法的诉讼请求，法院能够判决要求大股东或实际控制人向公司退还其在交易中获得的利益。其六，如果法院支持中小股东合法的诉讼请求，大股东或实际控制人被解除在公司之内的任职，同时该名大股东或实际控制人被禁止担任任何公司的法定代表人、董事、监事及高级管理人。其七，如果法院已确认中小股东的合法权利要求，法院能够判决未履行完毕的该关联交易撤销或无效。

3. 股东诉讼便利度指数

该条目主要考察司法机关对诉讼参与方的友好程度，司法机关的效率，以及判决、裁定、调解文书和仲裁能否得到实际执行，未得到实际执行的能否得到法律正当程序的救济。主要涉及：其一，持有公司10%股份及以下的股东有权在起诉之前查阅关联交易的证据材料，或者请求行政监管部门调查关联交易的证据材料。其二，持有公司10%股份及以下的股东能够从大股东、实际控制人、证人基于正式程序获得的文件范围，被告为自己进行抗辩的信息能否向原告披露。其三，开庭阶段，原告质询被告是否受到限制，证人是否接受原被告双方当事人的交叉质询。其四，民事诉讼的举证标准能够基于证据优势规则，且低于刑事定罪的排除合理怀疑规则。其五，原告能够获得采取诉讼行为的法律成本补偿。

（二）股东治理权

股东的权利既包括财产权利，也包括参与公司治理的权利。

1. 股东权利的实现

侧重于公司内股东之间的权利平衡，主要针对买方而言，涉及：其一，出售51%以上的公司资产是否必须经过股东会代表2/3以上股东的表决通过；其二，如果被收购公司股东持有买方公司10%以上的股权，该股东有权召集股东会；其三，买方公司发行新股之前必须取得其他股东的同意；其四，买方公司发行新股时，被收购方公司的股东自动取得优先购买权；其五，被收购方股东有权选举或解雇聘请的外部独立审计师；其六，特殊股票权益的变更必须经该特殊股票持有人的一致同意才可实施。由于有限公司的人合性特征，专门设置如下两个条目；其七，有限公司增加新股东，需要经现有股东一致同意；其八，有限公司现有股东将其公司权益出售给现有股东以外的主体，应当征求现有其他股东是否愿意行使同等条件下的优先购买权。

2. 所有权和管理控制

侧重于公司内权力制衡机制，主要针对买方而言，涉及：其一，禁止首席执行官同时担任董事会主席。其二，公司董事会设置有独立董事成员。其三，股东会能够在董事会成员任期届满前无理由解除其职务。其四，董事会设置审计委员会。其五，潜在收购者已经购买被收购方50%以上股权的，继续收购时，应当向所有公司现时股票持有人发出收购要约。其六，公司按期分配股东应当获得的股权收益。其七，对于有限公司而言，股东能够通过司法途径解决公司僵局。

3. 公司治理信息的公开程度

主要考察给定经济体内股权变动、高管人员权益和第三方审计的法律实施节点信息，主要针对买方而言，涉及：其一，公司应当披露直接或间接持有5%以上股权的股东。其二，公司应当披露董事会成员的受雇佣状态，并且披露董事会成员在其他公司的董事会任职信息。其三，公司应当披露经理岗位的工资收入。其四，股东能在股东大会召开21日之前收到股东大会议题、程序、经营情况等包含详细信息的报告。其五，5%以上表决权股东享有股东大会的提案权。其六，公司年度财务报表必须经独立第三方审计，且该审计报告必须对公众披露。其七，给定经济体法律为有限公司设置必须接受独立第三方审计的规模标准。

七　跨国贸易

世行营商评估分别考察：其一，进口货物的单证合规、边界合规和国内运输所消耗的时间和成本；其二，出口货物的单证合规、边界合规和国内运输所消耗的时间和成本。关税并不计入跨国贸易的营商评估。由于世行营商侧重于考察政务的法治环境，国内运输货物的时间和成本目前并没有计入评估依据。影响国内运输时间和成本的外部因素，如边疆地区的地理和地势条件、道路网容量和民用基础设施，以及距离边界口岸最近的仓储地点等也是重要的参考因素。世行评估的数据来源主要是当地货运代理、海关报关行、港务管理机构和贸易商等。涉及的统计因素和评估方法如下：

（一）工作时长

由于国际标准商法对商事行为和行政行为的外观主义要求极高，原则上能够当日办结的事务必须当天办理完成。因此世行评估专门举例了计算方法：设定一个工作日的工作时长为24小时，如通关时间为7.5小时，则计算为7.5小时。如果某日早8点提交手续，次日早8点即可完成全部手续并领取材料，仍将被计算为24小时。遇有节假日等，把节假日计算入内。如行政机关认为所提交材料需补充完善，计算时间的起点为公司第一次提交材料的时间，而不是行政机关认为的所提交材料完备之时。

（二）费用

保险支出和没有收据的支出都将被排除出费用统计。费用以美元进行结算。在具体评估中，也会考察公司经办人员对汇率和波动的敏感性。

（三）单证合规

这里考察的时间和费用，包括：取得过关文件的时间和费用（举例，过关文件的发放和完成盖印），准备过关文件的时间和费用（举例，收集相关信息完成过关申报以及取得原产地证明），等待过关文件处理的时间和费用（举例，等待动植物检验检疫证明），非报关程序单证查验的时间和费用（举例，向港务管理机构出示码头收据），呈交报关文件的时间和费用（举例，现场或者网上向海关机关提交通关申报文件），等等。增加证明文件将会增加跨国贸易的时间和费用。

（四）边界合规

主要考察通关和检查所需的全部时间和费用，计算从进入边界检查站至正式过关的全部时间和费用，涉及核实产品类别、数量、原产地、申报表和其他检查项目。

（五）国内运输

根据最广泛使用的运输手段（卡车、火车）和最常规适用的路径（道路、边防哨所）来进行考察，该过程为实际运输时间，包括货物装卸时间、交通警察检查时间、堵车时间，等等。

八 纳税

世行营商环境评估主要观察企业需要缴纳的税金数额，行政强制性收费数额，以及企业办理涉税相关行政手续所花费的时间。具体的解读如下：

（一）企业承担的税负

这里观察企业支付税金的方法，支付的频率，提交涉税文件的频率，以及代办涉税事务的机构数量。除了企业所得税、财产税、流转税、营业税、关税等以外，还包括由公司代扣代缴的销售税、增值税和雇员劳动税，后者在传统上往往由公司代表税务机关向消费者或雇员代收。尽管这些并不反映公司的收入情况，但是事实上会增加公司为了遵守税收系统而付出的行政负担，因此也纳入到纳税评估之中。

（二）企业承担的税费总额及其在商业利润中的比例

很多传统的企业税收承担研究往往只统计应缴税款的金额，然而实际上还有一大部分属于政府非税收入——行政收费。既统计企业前述条目税负，也统计企业实际承担的各类行政收费。世行营商评估对商业利润的计算，采纳了普华永道开发的总体税负框架（Total Tax Contribution framework）。按照世行标准，商业利润的计算节点是所有税负和行政收费之前的净利润，即不得扣除税负和行政收费，强调考察一个普通企业在一个给定财政年度内的实际利润，以及税费总额在实际利润中的比例。

（三）企业涉税费工作小时数

该条目计算涉税工作的全部平均工作小时数，这些税费主要包括：企业所得税、增值税、销售税、劳工税、工资税、社会保险费和行政收费等。准备阶段工作时，包括收集应纳税额依据和计算应纳税额的全部必要时间。申报阶段工作时，包括提交税收表格以及全部税务机关要求的表格的全部必要时间，在具体计算时还要考虑如果提交表格有误，按照税务机关、审计机关的要求完善其表格的全部时间。支付阶段工作时，包括进行网上支付或者现场办理的全部必要时间，现场办理的需要进而统计现场等待的平均时长。

（四）退税、完税、合规及审计程序

公司依据法律程序收到增值税退税的时长，按照法律程序完成企业所得税校正的时长场景化表述而言，增值税相当于企业资金的预付，该部分资金能够尽快返还企业，于企业而言将减少资金被占用的时间。企业所得税的计税依据发生变动，也是实践中经常发生的情形。如果存在企业多缴税款或者税务机关多收税款，税务机关向企业退还该部分税款的程序和时间，于企业而言将影响其经营的收益。世行营商评估的审计程序，独立于税务机关，能够为企业提供缴纳税款计算的正当性和准确性的咨询，考察全部必要的时间。

九 执行合同

世行营商环境关于执行合同的法律适用大致遵循这样几个原则：其一，尊重当事人意思自治，在不违反法律、行政法规、所在地区善良风俗的前提下，优先适用当事人合同约定的条款处理纠纷，司法程序的每个环节均需尽量尊重当事人自愿解决纠纷，违法限制当事人意思的自治将被识别为投资者的民事权利受到不当制约。其二，严格依据所在地区法律、行政法规的禁止性规范判定合同的效力，不得通过扩大禁止性规定的司法解释适用判定合同（条款）无效，也不得通过限制禁止性规定的司法解释适用判定合同（条款）有效，法院拒绝审理、拒绝做出裁判和违法判定合同效力都将被识别为所在地区存在的严重政治和司法风险。其三，根据国际金融市场惯例尊重所在地区行政监管部门的专业意见，法院不得否定或对抗所在地区行政监管部门的专业管辖，法院在合同案件审理时对抗行政监管将被识别为所在地区存在严重的政治和司法风险，即使出现行政监管部门专业意见的错误，也应当通过行政救济或者行政诉讼的程序解决，而不得在合同案件审理中对抗行政监管管辖权。其四，充分保护合同守约方的合同目的和合同权利，涉及违反合同的，基于法律和合同尽可能完全补偿合同守约方的利益损失，涉及合同欺诈的，基于法律和合同尽可能支持惩罚性赔偿条款，司法裁判限制守约方合同目的和合同权利，将被识别为所在地区对投资者存在严重的司法风险。

其五，禁止判决强制交易，主要体现为合同未履行、中止履行或者尚未履行完毕的，尊重当事人预期违约，尽可能运用合同违约赔偿规则处理合同纠纷，强制交易判决将被识别为所在地区对投资者存在严重的司法风险。对于商业活动而言，合同目标能否得到实现是商业利益的集中体现，当然也是营商环境的评估重点，共有23个评估项目涉及执行合同。世行评估极为强调法律实施的效果，包括通过法院解决商业纠纷所消耗的时间和费用，司法程序的质量，判决执行的效果，具体解读如下：

（一）通过司法途径解决合同纠纷的全部工作时数

世行的记录标准为自然天数，开始节点为卖方向法院提交起诉文件之日，结束节点为得到偿付之日，平均观察和记录如下三个阶段的时间消耗：

1. 提交起诉材料、立案和送达被告

世行营商环境解释其评估方法时认为开始节点为卖方“决定”向法院提交起诉文件之日，主要是两种情形：其一，卖方通过庭外非诉途径取得偿付的时间，准备文件的时间和要求买方支付的终止时限；其二，所在地区律师书写诉状，启动诉讼所需的时间，以及可能需要的认证或公证的时限。这里存在争议的是，庭外非诉途径要求买方支付和律师的工作时间是两个难以确定的时限。以世行营商评估的关注点在于政务环境和公共产品服务的角度而言，上述情形可以通过另设庭外非诉途径处理合同纠纷来解决。以大多数国家的司法实践而言，应当侧重这样几个角度：（1）法院收到立案材料至决定立案的时间；（2）起诉书送达被告所需的时限；（3）法院决定立案至开庭审理的时间。通过这样的条目设置能够更加客观地描述法院的司法工作效率。

2. 审理和做出判决

以司法途径解决商业纠纷的场景化表述，分为如下几个阶段：其一，买方收到起诉状至第一次举行庭前会议，主要包括诉前调解、证据交换等司法程序应用。其二，第一次庭前会议至第一次开庭审理，如果没有诉前调解、证据交换等司法程序，则直接计算买方收到起诉状至第一次开庭审理所需的工作自然天数。其三，开庭后涉及的全部审判相关活动，包括案件主要观点及证据交换、多轮次开庭审理，专家意见等全部工作自然天数。其四，开庭审理之后，法官做出一审判决所需的工作自然天数。其五，对一审判决不服的上诉期自然天数。

3. 判决的执行

主要涉及如下：其一，原被告当事人与相关执行机构联系并收到法院判决副本，且该判决具有可执行内容。其二，法院发布执行令，针对败诉方可移动财产的定位、查证、查扣及移交等工作所需的自然天数。其三，发布广告，评估、组织和举行拍卖工作所需的自然天数，多次拍卖的记录每次拍卖之间的自然天数。其四，如果拍卖回款顺利，胜诉方得到其主张的全部偿付金额所需的工作自然天数。

（二）法律工作所支付的费用

考虑到不同经济体的价格水平差异，世行评估给出基于两个假设的计算标准，该经济体人均收入的 200% 或者 5000 美元的 200%，取其高者折算为诉讼金额的百分比。目前涉及三个费用类型：平均律师收费，诉讼费和执行费用。以上都是观察原告方实际支付或者预付的一切费用。行贿的费用不得计算入内。

（三）司法程序的质量

世行营商环境对司法程序质量的要求主要体现在如下几个方面：

1. 法院机构设置和诉讼程序优化

具体包括：

（1）设置有专业化商事法院或者普通法院内部设置的专业化商事审判部门。

（2）设置小额诉讼法院（法庭、内设部门）或者小额诉讼简易程序，且可以无差别适用于所有民事案件当事人。

（3）原告有权请求法院查封、扣押、冻结被告财产，符合法律规定的能够获得法院支持。

（4）案件随机自动分配给法官审理。

（5）法庭能够无差别对待女性证词和男性证词，包括家庭诉讼案件。

2. 案件管理

具体包括：

（1）该经济体法律或法规能够就如下六个环节中的至少三个设定期限：i 法律文书送达，ii 第一次开庭，iii 提交答辩状，iv 举证期限，v 专家鉴定意见，vi 终审判决。

（2）法律许可休庭或延期审理的最多次数，休庭仅限于不可预见的意外事件发生，且能够适用于50%以上的案件。即使到期无法解决延期审理的原因仍应按照现有证据材料和法律程序做出判决，并做出相应说明，延期审理的原因在判决后又出现的按照正常法律程序处理即可。

（3）所在经济体公开法院工作的评估报告，至少能公开如下四项之中的两项：i 法院开始处理案件至做出判决的自然天数，ii 案件审结情况（已结案件数量与受理案件总数之比），iii 未结案件延期情况统计，iv 个案审理进度控制。

（4）法院技术性使用庭前会议，至少能涉及如下七项中的三项：i 法院接收当事人提交诉讼材料的工作流程及时间节点，ii 案件的复杂程度和可能的案件审理所需工作时间，iii 组织当事人诉前调解和探讨替代性纠纷解决方案，iv 交换证人名单，v 证据，vi 实体裁判和程序议题，vii 总结案件争议焦点。

（5）法院至少能在如下八项中的四项运用电子案件管理系统：i 查询法律法规和监管政策条文，以及判例或指导性案例，ii 能够自动生成案件审理工作流程时间控制节点表格，iii 通过电子系统（电子邮件、文本短信息等）向律师发送通知，iv 案件审理进度的流程监控系统，v 在电子系统内阅览和管理案卷（法律文书和诉讼主张说明等），vi 撰写判决书的电子辅助系统，vii 能够半自动生成法庭命令，viii 除法律明确规定的不得公开情形，向大众提供查阅公开的法院裁判文书。

（6）律师能够运用如下七项中的四项电子案件管理系统：i 查询法律法规和监管政策条文，以及判例或指导性案例，ii 下载将呈送法院的格式化文本及表格指引，iii 通过（电子邮件、文本短信息等）接收法院通知，iv 查询案件审理进度，v 在电子系统内阅览和管理案卷（法律文书和诉讼主张说明等），vi 呈送法庭诉讼文书及主张说明，vii 能够查阅公开案件的法庭命令和裁判文书。

3. 法院自动化系统应用

具体包括：

（1）原告可以通过法院电子平台提交起诉文书，该电子平台独立于电子邮件或传真。

（2）被告可以通过法院电子平台、电子邮件、传真或文本短信息收到起诉文书。

（3）诉讼当事人可以通过法院电子平台、网上银行或其他在线支付平台缴纳诉讼费。

（4）除法律法规明确不公开的案件之外，社会公众可以通过官方文书、报纸或互联网等平台查阅法院裁判文书。

4. 替代性纠纷解决方案（ADR）

由于替代性纠纷解决方案无须严格依据法律文本，强调尊重纠纷各方之间的问题解决方案，相对于诉讼而言能够节约司法资源和社会成本，世行营商环境评估未来会更加强调替代性纠纷解决方案的实际应用，目前的观察角度主要是如下六个方面：

（1）国内商业仲裁由专门立法或者民事诉讼法完整章节调整。

（2）除公共秩序、公共政策、破产、消费者权利、劳动关系或知识产权等纠纷之外，其他商业纠纷均可以通过仲裁解决。

（3）在 50% 以上的案件中，法院能够执行有效的仲裁条款或协议。

（4）自愿和解或调停是能够被承认的商业纠纷解决途径。

（5）自愿和解或调停由专门立法或民事诉讼法的完整章节调整。

（6）存在财政上的促进措施（调停或和解成功，可以申请退还立案诉讼费、相关所得税减免等），鼓励当事各方替代性解决纠纷。

十　办理破产

破产是市场经济中必不可少的一个环节，也是公认的平衡投资者保护与债权人利益的法律机制。世行的营商评估观察，通过司法途径的企业清算、重组、破产的正当法律程序所需要的时间、费用和效果。具体的解读如下：

（一）债权偿付

1. 债权人收回债权的时间

以日历年为标准，记录债权人收回债权的时间。时间的计算起点为债务人违约之时，时间的计算终点为全部偿付或者破产程序的部分偿付之时。债权人、债务人均可以利用法律规则采取拖延战术，但是该时间将全部计入统计。这在另一方面实际上给法院带来了更高的工作技术性要求。

2. 法律费用占债务人不动产价值的百分比

法律费用包括，法院收取的诉讼费、政府征收的税费、破产管理人费用、拍卖人费用、律师收费，以及支付的全部相关支出。

3. 破产人的处理结果

根据完成破产程序后破产人继续营业还是被分割售出，不同的处理结果对债权人的债权可恢复比例产生不同的影响。按照世行的解释，如果破产人可继续经营，则债权人的债权可恢复比例为100%，如果破产人被分割售出，则最大债权可恢复比例为70%。

4. 担保债权的偿付率

世行营商评估的该条目英文版本为 Recovery rate，其中文版本和部分中国学者并没有区分担保债权与普通债权。但是对照世行营商评估的英文原版，该条目被清晰地界定为“secured creditors”，即担保债权人通过重组、清算、抵押物抵扣或破产接管等司法程序得到偿付的实得债权占其应得债权的百分比。根据破产人的处理结果而有所差异，即考虑破产人是持续经营还是被分割售出而有所不同。法律程序的费用在破产人财产中优先扣除，破产程序冻结破产人资金导致的价值损失，不动产或动产的折旧损失，等等，都在考虑之列。

（二）破产程序实施的强度

1. 司法程序的启动

（1）债务人既可以启动清算程序，也可以启动重组程序。

（2）债权人既可以启动清算程序，也可以启动重组程序。

（3）破产程序启动的标准：i 流动资产标准的门槛最低，债务人无法清偿到期债务即可启动。ii 资产负债表标准的门槛较前者略高，债务人资产不足以抵偿债务。其他标准不为认可。

2. 管理债务人的资产

（1）债务人或其破产管理人有权继续履行维系经营所必需的合同。

（2）债务人或其破产管理人有权拒绝超过其负担水平的合同。

（3）破产程序开启之前，债务人与一名或多名债权人达成的片面优惠性交易条件合同，破产程序开启之后这些合同可以被撤销。

（4）破产程序开启之前，债务人与他人低于正常交易价格的合同可以被撤销。

（5）破产程序开启之后，债务人或其破产管理人，为实现其功能运转可以申请融资。

（6）在破产财产分配阶段，破产程序开启之后为破产人提供融资的债权人优先于无担保普通破产债权人受偿。

3. 破产重整中的债权人分类与表决权

（1）只有那些债权受到调整或影响的债权人能够参加破产人的破产重整计划的投票，任意债权人均可参与投票将可能提高破产重整获得通过的门槛。

（2）有权参与破产重整计划表决的债权人，能够被进一步细分类别，单独类别的债权人有其对应事项的单独表决权，每一类别之内的债权人不得存在差异性待遇。

（3）破产程序要求在重整计划投反对票的债权人获得的偿付与其在清算程序中的受偿保持一致。

4. 破产程序中债权人的实际权力

（1）债权人有权任命破产代表人或管理人，有权批准或否决破产代表人的人选提名。

（2）破产程序中，处分债务人符合特定会计标准的重要资产需要经过债权人批准授权，法院不得强制执行未经债权人批准的破产财产售出。

（3）破产程序中，任一债权人有权查询债务人的财务状况。

（4）法院或破产代表人做出决定同意或拒绝的个别债权人或部分债权人对破产人的权利主张，其他任一债权人有权提出反对。

十一　雇佣市场及劳动者权利

目前的世行营商环境报告并不包括雇佣市场及劳动者权利（Employing Workers）的排名，也不将其纳入综合分数的计算和营商便利度的排名，只是作为投资者的参考依据。世行营商环境评估的假设前提是，企业严格遵守所在经济体的法律，但是并不向雇员提供高于法律、监管政策或者集体协商的福利。劳动法规的特点之一是实施效果上存在的弹性空间，世行评估重点观察雇佣关系、工作时间、裁员成本与权利保障。具体如下：

（一）雇佣关系

可以分解为如下几点：i 固定期限合同被禁止提供给永久性工作岗位，ii 固定期限合同被最长累计期限所迎合，iii 对永久性员工施加最长试用期（计量单位为自然月），iv 收银员（达到最低合法工作年龄）虽然有一年工作经验，仍然支付其最低工资，v 以人均雇员的平均价值增加值为分母，计算最低工资与之的比率值。

（二）工作时间

分解如下：i 每周允许工作日的最大值，ii 夜班工资与工作日日间小时工资的百分比，iii 休息日工资与工作日日间小时工资的百分比，iv 超时加班工资与工作日日间小时工资的百分比，v 对夜班工作有法律约束，vi 公共假期工资有法律约束，vii 超时工作有法律约束，viii 根据年龄为雇员设置相应的带薪假期，ix 为妇女设置有工作时长保护。

（三）裁员成本

这里涉及八个问题：i 是否许可资方以冗员为基础终止雇员聘期的理由，ii 资方终止冗员雇员聘期是否必须告知政府部门等第三方，iii 资方同时终止 9 名冗员雇员是否必须告知政府部门等第三方，iv 资方终止 1 名冗员雇员是否必须得到政府部门等第三方的准许，v 资方同时终止 9 名冗员雇员是否必须得到政府部门等第三方的准许，vi 法律是否要求资方在确定一名雇员为冗员之前，为其重新安排岗位或重新培训技能，vii 优先性上岗规则是否可以适用于冗员雇员，viii 优先性上岗规则是否可以适用于再次雇佣。

（四）劳动者权利

这里涉及八个问题：i 法律是否要求同工同酬，ii 法律是否要求资方对待雇员不得存在性别歧视，iii 法律是否要求享有带薪产假，iv 以自然天数计算的最短带薪产假天数，v 实践中休产假的雇员能够享有全额薪水，vi 雇员是否能够在一年之中享有 5 天的带薪病假，vii 雇员享有失业保险的门槛时间，viii 雇员享有失业保险所需的最少参保自然月数。

十二 营商环境便利度指标未覆盖到的因素

世行营商环境便利度的指标尚无法覆盖如下，但是公认的是如下这些因素对投资者也将产生重要的影响。

（1）宏观经济稳定性，主要涉及给定经济体通货膨胀、经济增长、进出口交换比价、真实汇率以及资本货物的价格等因素。

（2）金融体系发展程度，主要涉及给定经济体的金融机构和市场的规模、金融可及性、效率、稳定性等因素。

（3）市场规模，主要涉及给定经济体的人口结构，如种族、性别、年龄、文化、宗教等因素。

（4）腐败发生率，主要涉及给定经济体：①腐败的类别（行政腐败、政府俘获、招标腐败、公共资源窃取和许可证购买），②行政机构和司法机构的效率，③评估不同利益相关者的腐败收益与腐败成本。

（5）劳动力质量，主要涉及给定经济体的就业人口数量、就业性别比例、受教育水平、职业培训、劳动者权利保护，等等。

（6）关税，世行的传统观点，鼓励取消那些阻碍低收入国家进入发达国家出口市场的保护主义措施。

（7）基础设施充分性，世行的传统观点认为，规划得当且相互联通的基础设施可提高生产率和服务效率，促进投资增长。利用效率提升技术的交通物流服务可催生更具活力的贸易行业。

（8）税收支持的社会经济改革项目的效果评价，主要涉及给定经济体税收实施的社会效果和收益。

（9）不安全性，主要涉及给定经济体的犯罪团伙、毒品种植、毒品贸易、人口贩运、恐怖主义、极端主义、分裂主义、政治武装派别、地方割据势力，等等。

第四节　跨境经济合作区治理的制度供给框架

世界银行的营商环境评估是目前国际社会广为接受的国际秩序安排，现代市场体系一方面要求市场准入的公平和开放，另一方面要求政府监管的公开和透明，参与建立跨境经济合作区的各方经济体都能平等地参与治理，通过公正的秩序规则实现各方共赢的繁荣。跨境经济合作区治理的制度供给框架可以分解为纵向维度和横向维度。纵向可以理解为如图 2－1 三个层面。

一　营商环境导向的跨境经济合作区治理纵向维度

以治理纵向维度而言：（1）基础设施的地理规划、产业布局和互联互通是跨境经济合作区得以建立的需求；（2）制度体系的

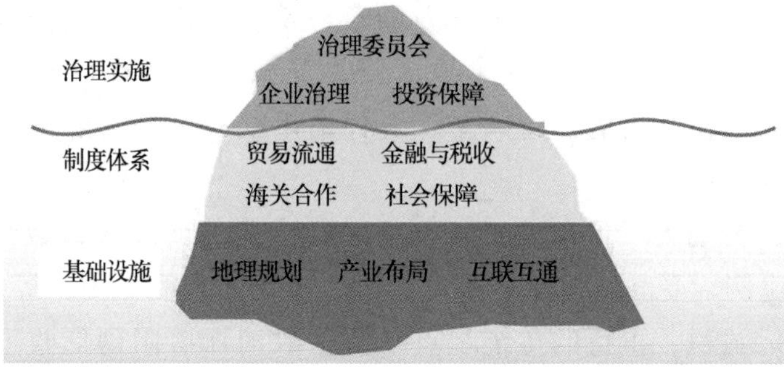

图2-1　营商环境导向的跨境经济合作区治理纵向维度

贸易流通、金融与税收、海关合作、社会保障是跨境经济合作区开展具体事务的需求；（3）治理实施的治理委员会、企业治理、投资保障则是跨境经济合作区实现治理目标的需求。

“一带一路”沿线国家（或地区）经济社会发展水平差异较大，地理资源禀赋和产业梯度显著，跨境经济合作区的产业规划有纵向布局、横向布局和纵横整合三种模式。纵向布局主要体现为出口加工和进口加工等，横向布局体现为综合保税区、自由港和自由贸易区等。跨境经济合作区的基础设施治理需要综合考虑次区域范围内相邻国家（或地区）之间的发展阶段和产业特点。①

跨境经济合作区对国际投资者公平开放，资金与技术既可以来自相邻国家，也可以来自全球其他国家或地区，唯有通过发展外向型经济，不仅能够吸引不同国家或地区的资金和技术，而且能够吸引不同国家或地区的人才，使得跨境经济合作区具有发展的创新力和竞争力。跨境经济合作区治理，实际上为该区域内不同国家或地区之间的人员、资金、技术相互合作与贸易的行政服务平台。在现行国际法框架内，跨境经济合作区在相邻国家间划定特殊区域，进入该区域需要经由专用路线，区域内封闭式监管，即“境内关外”的管理模式。划定区域内，逐步探索试行登记制出入管理，简化进出流程。由双方共同选定管理委员会成员或者

① 梁双陆：《边界效应与我国跨境经济合作区发展》，《天府新论》2015年第1期。

全球选聘首席执行官，执行划定区域内的行政管理事务。

二　跨境经济合作区治理的横向维度细分之一：基础设施

以治理横向维度的基础设施而言：为了最大限度地完成跨境经济合作区的建设和运营的同步推进，建设启动期道路网容量应当能够达到预期值的30%，产业规划项目的90%已经明确，功能设施达到预期值30%，核心区、生活区和互联互通达到预期值30%，扩展区达到预期值的20%。建设完成交付时，道路网容量达到预期值的95%，产业规划项目的90%已经落实，功能设施、核心区、生活区和互联互通达到预期值的95%，扩展区达到预期值的60%（见图2－2）。

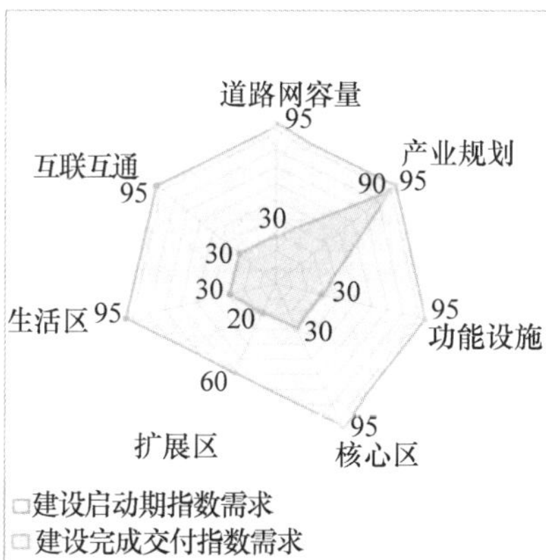

编号	评价项目	建设启动期指数需求	建设完成交付指数需求	正/负向
1	道路网容量	30	95	↑
2	产业规划	90	95	↑
3	功能设施	30	95	↑
4	核心区	30	95	↑
5	扩展区	20	60	↑
6	生活区	30	95	↑
7	互联互通	30	95	↑

图2－2　跨境经济合作区治理的横向维度细分之一：基础设施

基础设施对人员与货物跨境流动的运输成本影响极大，是重要的边界效应影响因素，跨境经济合作区相邻各国应合力推进公路、铁路、港口和机场等交通基础设施，以及现代化电信网络基础设施等方面的建设。① 完善边境口岸的信息化管理能力，提升口

① Sabine Dörry, Antoine Decoville, "Governance and Transportation Policy Networks in the Cross-Border Metropolitan Region of Luxembourg: A Social Network Analysis", *European Urban and Regional Studies*, Volume 23, Issue 1, January 1, 2016, pp. 69－85.

岸通关能力。涉及能源基础设施，还应当积极推进油气输送管道、发电设施和电力输送网络等的共同建设。

跨境经济合作区的直接受益者是相邻国家，是相邻国家间政治友好在经济层面的投影。跨境经济合作区的基础设施建设必然会触及相邻国家间的主权、政治、外交、边防等敏感议题，这就需要项目建设方案尽可能地技术细化，实现敏感议题的技术性转换。相关项目也应向全球开放招标，吸引来自不同国家或地区的投资和建设。

三　跨境经济合作区治理的横向维度细分之二：制度体系

以治理横向维度的制度体系而言：为了最大限度地完成跨境经济合作区的建设和运营的同步推进，建设启动期开办企业的营商环境便利指数应该达到预期值的90%，贸易与物流应该能够达到预期值的30%，实现金融和社会保障预期值的60%，双边税收协议、海关合作协议和检验检疫合作协议应该能够达到预期值的90%。建设完成交付时，上述全部指标应该达到预期值的95%（见图2－3）。

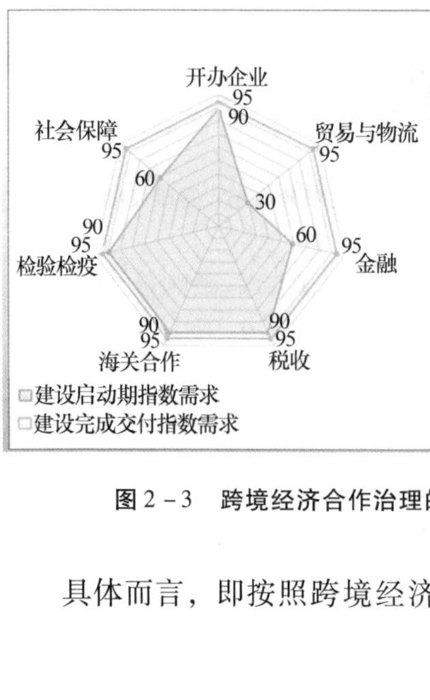

编号	评价项目	建设启动期指数需求	建设完成交付指数需求	正/负向
1	开办企业	90	95	↑
2	贸易与物流	30	95	↑
3	金融	60	95	↑
4	税收	90	95	↑
5	海关合作	90	95	↑
6	检验检疫	90	95	↑
7	社会保障	60	95	↑

图2－3　跨境经济合作治理的横向维度细分之二：制度体系

具体而言，即按照跨境经济合作区产业规划为投资者提供服务便利，简化开办企业的工商登记流程，企业可以根据自己的发展需要自由注册为相邻国家公司的法人，从而方便与相邻国家之外的国家（或地区）开展贸易。尽量实现办理行政手续的“一站式”或“全程代理”服务，最大限度压缩企业办理相关事务花费的人力、物力和财力。跨境经济合作区为企业提供的一揽子制度体系，能够为商品要素的自由流动提供便利，提高资源配置的效率。[①] 通关便利化目标是减少不必要的监管措施以及化解监管部门之间的冲突，协调不同的通关监管目标，最终实现信息共享、互联互通和公共协调。积极推进相邻国家间的社会征信体系信息共享机制，保障跨境经济合作区的金融安全。

按照世界银行的营商环境标准提供优良营商环境的同时，还应积极推进财政、税收、金融等多种政策工具，鼓励公司和人力资源进入跨境经济合作区开展经营。鼓励相邻国家邻近区域的企业和边民积极参与跨境经济贸易往来，试行边民往来的优惠措施，同时积极推进边民职业培训，推动边民进入跨境区企业就业。随着跨境经济合作区的建设运营，还应每年提取一定比例的专用款项用于附近区域的教育、卫生、文化、宗教、休闲和养老等公共福利事业。“一带一路”跨境经济合作区有相当部分可能会涉及边境农产品、肉类、水果和水产品的贸易，跨境经济合作区通过的具体优惠措施应当有一定的针对性。

四 跨境经济合作区治理的横向维度细分之三：治理实施

以治理横向维度的治理实施而言：为了最大限度地完成跨境经济合作区的建设和运营的同步推进，治理委员会成员构成、治理委员会议事程序、跨境企业合作与联盟治理、裁判管辖权及其主体设置应该都能达到预期值的70%，治理委员会表决规则和争议解决程序已经达到预期值的95%。建设完成交付时，因为跨境企业合作与

① Karl-Johan Lundquist, Michaela Trippl, *Distance*, *Proximity and Types of Cross-Border Innovation Systems*: *A Conceptual Analysis. Regional Studies*, Taylor & Francis (Routledge), 2011, p. 10.

联盟治理中有一部分为私人投资者的自选内容，而只需达到预期值的90%，其他所有指标都应达到预期值的95%（见图2-4）。

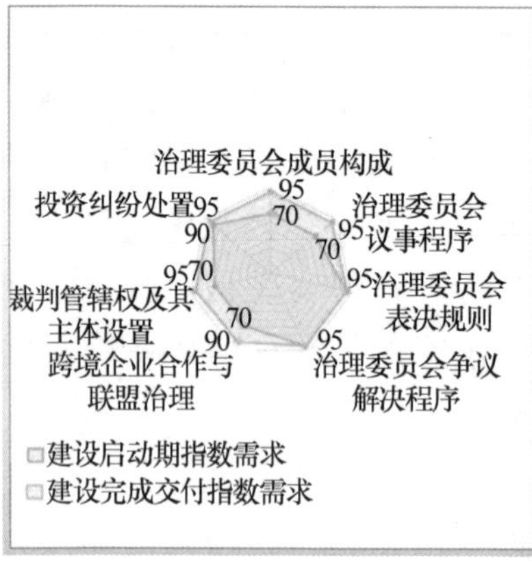

编号	评价项目	建设启动期指数需求	建设完成交付指数需求	正/负向
1	治理委员会成员构成	70	95	↑
2	治理委员会议事程序	70	95	↑
3	治理委员会表决规则	95	95	↑
4	治理委员会争议解决程序	95	95	↑
5	跨境企业合作与联盟治理	70	90	↑
6	裁判管辖权及其主体设置	70	95	↑
7	投资纠纷处置	90	95	↑

图2-4　跨境经济合作区治理的横向维度细分之三：治理实施

为了推进这一阶段的基础设施建设，可以建立跨境协调小组来解决相关问题。建立跨境经济合作区专业、高效、廉洁的行政事务执行机构和司法裁判机构，是保障跨境经济合作区长期顺利运行的关键。不仅可以由相邻国家选派治理委员会成员，还可以借鉴国际组织的解决方案，在全球范围内选聘治理委员会的行政事务执行官。在相邻国家签署的跨境经济合作框架范围内，由治理委员会具体推进项目实施和划定区域内的具体行政事务管理。参考国际标准的替代性纠纷解决机制（ADR），以最有效的方式解决有关争端和摩擦。①

第五节　跨境经济合作区的多层级治理机制

一　治理结构的含义与实践

相邻国家间建立跨境经济合作区的框架协议是跨境经济合作

① Gabriel Popescu, "The conflicting logics of cross-border reterritorialization: Geopolitics of Euroregions in Eastern Europe", *Political Geography*, Volume 27, Issue 4, May 2008, pp. 418-438.

区治理的基础，其具体功能为：（1）明确跨境经济合作区治理的整体制度供给框架和行动指南。（2）根据该框架协议由相邻各方选任治理委员会的成员构成、治理委员会主席的任职、议事程序、表决规则和争议解决程序。（3）根据该框架协议推进相邻国家地方政府与社区和该治理委员会的伙伴关系，推进相邻国家地方政府与社区对跨境经济合作区行政事务执行和司法裁判管辖的配合与支持。（4）治理委员会根据框架协议的授权对跨境经济合作区的企业治理进行指导和建议。（5）治理委员会根据框架协议的授权组建跨境经济合作区的民事司法管辖机构。（6）治理委员会根据框架协议的授权组建调查与审计办公室，由调查与审计办公室独立行使调查与审计权力（见图2－5）。①

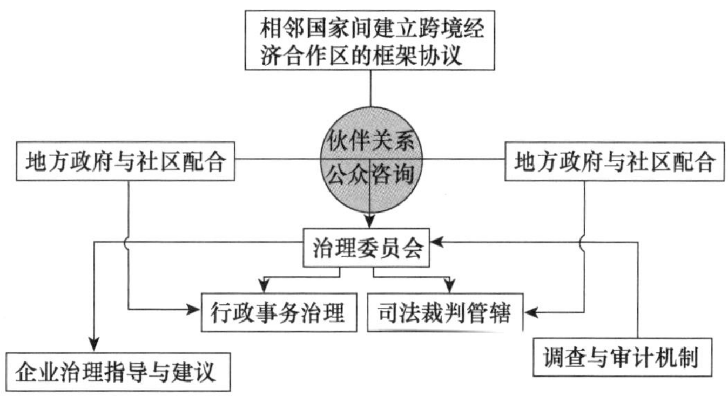

图2－5 跨境经济合作区治理结构示意图

跨境经济合作区的法律渊源包括国内法和国际法两个部分。治理委员会根据相邻国家立法机关批准授予的民商事务行政管辖权行使自己的权力，能够适用的法律也是经相邻国家立法机关批准授权适用的民商经济法、行政法和民事诉讼法等法律制度。相邻国家在其各自的领土区域内，仍然保留其完整的主权和国际公

① Ian Bache, Ian Bartle, Matthew Flinders, Chapter 40: Multi-level governance, Edited by Christopher Ansell and Jacob Torfing, *Handbook on Theories of Governance*, Edward Elgar Pub (June 30, 2016), pp. 486－498.

法管辖权，这也是目前大部分跨境经济合作区的法律实践模式。相邻国家与其他国家缔结的贸易协议、国际组织的决议、文件和惯例等，需要经治理委员会批准决定是否适用于该划定区域。

欧盟最初的跨境经济合作实践就是不涉及任何主权让渡的民商事务管辖合作，只是随着相邻国家的政治互信和合作互利，才出现了完全基于彼此自愿的有限主权让渡。以法、德、意等为代表的西欧国家一直试图建立一个区域性的跨境合作治理框架，根据其协议将建立一个喀尔巴阡山脉以西欧洲区域的联合体，并不代表超国家形态，也不代表超民族国家实体。其目标是组织和协调成员国在经济、生态、文化、科技和教育等方面促进不同层面的友邻合作关系。欧共体包括四个部分：主席团和主席组成的理事会，常务秘书处，国家办公室和工作委员会。欧盟的最高实体机构是理事会，每个成员国有 3 名代表，每 6 个月召开一次会议。与合作有关的议题如提名、预算和组织变化等的任何决定，都必须经过讨论且取得全体一致。每两年选举一位轮值主席，对外代表理事会。秘书长（执行董事）也是每两年选举一次，有权向理事会提交议案，组织协调日常合作活动。欧洲共同体的国家办公室负责与理事会进行信息沟通，处理合作建议和工作委员会的事务。工作委员会有五个方面工作重点：区域发展，环境保护和旅游，社会基础设施发展，跨境贸易和审计。

二　治理可能面临的结构性问题

（一）中央与地方的权力配置

跨境经济合作区依赖一系列相邻国家法律授权和政府机构的参与执行，然而不同成员国对应机构的法律地位和功能都会存在不同。更为复杂的问题是，地方政府的立法、行政和司法系统未必一定与中央政府保持一致，这意味着中央和地方有不同的权限范围，不同的财政能力和人力资源配置。这就意味着，跨境经济合作区治理应当涉及当事国中央与地方之间的权限，以及地方政府的具体实施可能。①

任何一个国家的内部都会存在不同程度中央与地方的纵向权利、义务、责任和风险配置，原则上可以解读如下：对于联邦制国家而言，地方政府外交、国防和涉外缔约上都拥有更大的权力，即使联邦政府已经与他国缔结跨境经济合作协议，地方政府也可能拒绝执行该协议或者不完全执行该协议。对于单一制国家而言，地方政府不享有外交、国防和涉外缔约的权力，仅能在中央政府授权范围内执行相关事务，单一制国家的地方政府一般不会出现联邦制地方政府的情形。但无论如何，跨境经济合作区治理委员会仍然需要最大限度与相邻国家地方政府建立合作伙伴关系。

（二）官方治理进程中的公私合作

跨境经济合作区之内实际上存在着两条社会治理的线索：其一，是相邻国家授权的公权力机关对民商事主体私权利的公私合作民主；其二，是跨境区之内民商事主体之间社群合作民主。治理委员会是代表相邻国家治理跨境经济合作区的最高决策机关，每个国家可以派出若干名代表，实践中往往是中央政府代表、政党代表或者地方政府代表，然而实际上，相关的公司、非政府组织或其他社团代表参加对于特定事项的讨论更具有实际效果。其中主要的原因在于，现代社会是一个利益相关者高度连带的社会，在个人财产和人格等民事权利不断兴起的背后，是协商式的契约型社会形成，与之相对应的则是强迫式的压制型社会退去。在治理主体内部，参与者的社会多元代表性，是影响治理实际效果的重要因素。公私合作的实质是，基于公平和自愿的原则协调和均衡政府与市场之间的利益关系。居民和非政府组织的参与治理是民主原则的具体体现，跨境经济合作区的代表机制存在三个层面：其一，相邻国家中央政府代表，代表跨境经济合作区的基本框架和法律秩序；其二，相邻国家地方政府代表，代表具体跨境经济

① Christophe Sohn, Bernard Reitel, "The Role of National States in the Construction of Cross-Border Metropolitan Regions in Europe: A Scalar Approach", *European Urban and Regional Studies*, Volume 23, Issue 3, 2016.

合作区的具体实施和政策协调；其三，企业、居民和社区利益代表，代表跨境经济合作区影响的私人领域和社会效果。一些跨境经济合作治理的代表机制以主权国家为基础，居民、民间社团和非政府组织等利益相关者往往被排除在外，难以实现更为广泛的社会合作，从而可能给未来跨境经济合作带来潜在的风险。[①]

（三）专业、稳定和组织化的管理团队

跨境经济合作区治理委员会及其具体职能机构需要稳定和组织化的专业队伍。欧共体理事会成员往往都是区域行政机关的领导人及其代表，他们往往面临选举周期，一旦发生变动新的代表就需要重新熟悉工作内容。常务秘书处应当建立更为稳定的决策执行机构。

（四）资金来源与承担义务的平衡

跨境经济合作区的资金来源和承担义务存在差异，可能引发相邻国家之间的矛盾。欧盟成员国的贡献程度存在较大差异，德国、法国和英国等发达国家承担的比例相对较大，面临难民危机时不同的政治立场引发不同国家的矛盾，从而可能瓦解共同体。

三　多层级治理的设想

全球化已经显著影响了治理的模式，随着社会和经济的发展，中央统制逐渐向多极化转向。后中央统制时代，国家仍然扮演重要的角色，并对应形成了多元和多层的网格化治理。与多极化相适应的是公私合作的治理模式，政府的因素和市场的因素根据不同的领域而有所差异，并没有威斯特伐利亚主权意义上的命令中心和指挥机制。随着监管活动的不断分散化，大部分重要政策经由多极治理模式推动形成。但是也有部分监管政策由于缺乏有效的国家支持和协调，使得国际金融危机的发生造成严重的破坏。多极化和去中心化绝不意味着国家可以完全放任市场，未来的跨境经济合作既要以市场机制为基础，同时也应配套必要的市场监管和宏观调控。中央统制模式向多极模式的转型，也体现在跨境

---

① Molly N. N. Lee，"Restructuring Higher Education：Public-Private Partnership"，*Journal of Asian Public Policy*，Volume 1，Issue 2，2008，pp. 188 – 198.

治理的技术框架方面。

多层级治理的含义是，跨境经济合作区的参与主体的权利、义务、责任、风险和功能相互交叉嵌入，形成多层级治理结构关系。中央政府、地方政府、企业、居民等不同利益群体均可以通过相应途径参与治理，实现跨境经济合作区的利益协调和有序发展。公共治理的分散化有三个方向：其一，较低层级的治理主体取得一定范围的涉外事务处理权限；其二，亚国家（substate）或超国家（suprastate）机构在很多跨境治理领域承担了传统国家的职能；其三，跨境通信、环保、旅游、金融、司法、劳工、救灾等事务有越来越多的非政府组织参与治理。

（一）亚国家治理机制实践

为了更加高效地解决具体的跨境事务，很多国家治理重心逐渐下移，从国家层面转向亚国家层面。较为典型的案例有：印度1996年的宪法第74号修正案，比利时1980年修改宪法设立佛兰芒和瓦隆政府，加拿大魁北克地区的自治权限，以及俄罗斯近年来从中央向各州处理涉外事务的授权，等等。治理重心的下移很多可以归因于文化、经济、历史和政治等因素，全球化只是推动了这一趋势形成。我国在广东、山东、新疆和云南设立隶属于当地省级人民政府的外事办公室，在授权范围内处理一定的涉外事务。巴西和印度的地方政府可以与世界银行等超国家机构签署协议，一些地方政府的监管机构甚至可以参加国际证券委员会组织（International Organization of Securities Commissions，IOSCO）。不同国家的地方政府之间，如德国巴伐利亚州、加拿大魁北克省、中国山东省、南非西开普省和奥地利上奥地利州之间签署了多边高科技产业伙伴协议。在全球化加速的背景下，亚国家机构获取了较大的自治权限，能够率先进行政策探索，吸引跨国公司和跨国金融市场的关注。亚国家机构不仅涉及国家之内区域之间的竞争，还促进超国家治理中心的形成。全球化并不是推动区域一体化的唯一动因，区域的地理、资源、历史、民族、文化、宗教、政治等因素都会决定区域一体化发生的程度、模式、速度和规模，等等。[①]

（二）超国家治理机制需求与实践

对跨境超国家治理有着较多需求的领域有：艾滋病防治，互联网，国际民航，难民迁徙，跨境资金流动，气候变迁，等等。离开具有实际意义的跨境超国家治理，上述领域是难以有效监管的。目前全球范围的协议已经高达数千份，覆盖的领域有：文化、生态、金融、健康、人权、军事和贸易，等等。主要的跨境超国家治理机关有：联合国，世界贸易组织，国际清算银行和经济合作发展组织，等等。很多治理机关的分支机构已经遍及全球，联合国开发计划署在约150个国家设有办公室，国际货币基金组织和世界银行在70余个国家设有常驻代表处。需要说明的是，这些机关的共同特点是，利用全球通信网络实施上下级指挥管理，职员来自成员各国，资金也依据章程收取自成员各国。[②]

全球贸易的治理模式已经为大部分国家所接受。根据1994年马拉喀什条约创建的世界贸易组织，成员国的国内实体法和程序法必须与超国家的世界贸易组织规则相一致，不得保留适用相关条款。美国最高法院1999年的判例，承认了世界贸易组织规则的权威性。[③] 世贸组织贸易政策审查机构（TPRB）阶段性地审查评估成员国政府的商业措施，涉嫌违反世界贸易组织规则的措施将被提交争端解决机构（DSB），由贸易专家委员会做出裁决，该裁决将对当事国具有直接约束力，除非包括原告方在内的每一个世界贸易组织成员国均投票动议推翻该项裁决。在世界贸易组织成

① Dorothée Allain-Dupré, Claudia Hulbert, Margaux Vincent, Subnational Infrastructure Investment in OECD Countries: Trends and Key Governance Levers, OECD Regional Development Working Papers are published on http: //www.oecd.org/cfe/regional-policy, last visited on Dec 5, 2019.

② Markus Perkmann, "Policy Entrepreneurship and Multilevel Governance: A Comparative Study of European Cross-Border Regions", *Environment and Planning C: Politics and Space*, Volume 25, Issue 6, 2007.

③ Stewart, David P., Sherzod Shadikhodjaev, "World Trade Organization - General Agreement on Tariffs and Trade - National Treatment -General Exceptions - Renewable Energy -International Environmental Law", American Journal of International Law, 1 Jan. 2017, p. 139.

立的最初九年时间里，超过300起贸易争端被提交DSB审议，还有更多的相关案件通过非正式的谈判和施压解决。任何一个国家根据其主权自决原则有权决定是否加入世界贸易组织或者遵守其规则，但是全球化的经济力量伴随着新自由主义的贸易自由主张已经很大程度上限制了大部分国家的“自由意志”。截至目前，也没有国家正式公然宣称拒绝马拉喀什条约。

另一个对全球经济施加治理的机构是国际货币基金组织（IMF），国际货币基金组织监管全球资本市场的角色类似央行，提供全球商业银行的监管准则，涉及资本充足率和支付清算系统，等等。

经济合作与发展组织的超国家治理领域极为广泛，已经成为世界上最大和最可靠的全球性经济和社会统计数据的来源之一，OECD提供的治理建议领域，包括国家账目、经济指标、劳动力、贸易、就业、移民、教育、能源、健康、工业、税收、环境和企业治理，等等。

京都议定书的全称是《联合国气候变化框架公约的京都议定书》，是《联合国气候变化框架公约》的补充条款，于1997年12月在日本京都府京都市的国立京都国际会馆所召开联合国气候变化框架公约参加国三次会议制定，其目标是“将大气中的温室气体含量稳定在一个适当的水平，以保证生态系统的平滑适应、食物的安全生产和经济的可持续发展”。

国际原子能机构是联合国系统中的独立政府间国际组织，总部设在奥地利首都维也纳，现有168个成员国，《国际原子能机构规约》规定了其宗旨：加速和扩大原子能对全世界和平、健康及繁荣的贡献，并尽其所能确保由其本身，或经其请求，或在其监督或管制下提供的援助不致用于推进任何军事目的。

跨境治理的快速发展并不意味着国家的消亡，但是宣告了传统主权国家治理的边界，现代国家的诸多事务在全球化约束下进行。尽管国家建立了跨境治理机构，但是国家也不能完全控制这些机构的行为和发展。

（三）公私合作的治理理念

在全球化影响下，治理愈加多元中心，不仅表现为正式立法的公共治理系统纵向的层级分化，还表现为非正式立法私人企业治理模式的扩展。[①] 按照传统国家的观念，治理是公共权力通过政府和政府内部代理人的运作。但是社会规则的形成、执行、监督和强制实施，在原则上都可能通过非官方的途径实现。

全球化对私人企业治理模式的推进表现为，私人企业治理模式的兴起填补了跨境超国家治理留下的空缺，新自由主义的逻辑之一即从私人企业的产品升级为公共治理的私人企业提供，消费者和利益相关者的压力可以令私人企业更好地实现自我监管。

私人企业参与全球治理也有可能面临被一些国家制裁的风险，因为私人企业参与监管的制度安排取决于主权国家是否对其授权。为了避免与国家主权的交叉，私人企业往往寻求尽量不去牵涉政府事务。

私人企业参与全球治理的一个重要领域在于企业社会责任（CSR），也被称为企业公民（corporate citizenship）。政府措施对于监管跨境企业生产而言，显然是鞭长莫及的。20 世纪 90 年代以来，非官方立法的企业社会责任监管模式已经逐步覆盖了劳工、环境和人权等方面。其中之一，由若干家企业联合提出的自愿守则，如耐克和联合利华对其承包商和供应商的道德义务，国际玩具理事会对国际玩具企业的道德义务。一些外部咨询机构也提出了 CSR 建议，如全球报告倡议组织（GRI），社会责任标准 SA8000，等等。一些民间组织也发布了自己的 CSR 标准，如大赦国际 1998 年发布的公司人权准则。

20 世纪 70 年代以后，私人全球治理的另一个领域是商业仲裁。主权国家往往将贸易争端提交公权力机关，跨国公司则比较倾向于将纠纷诉诸私人仲裁部门，以避免在国内法庭或国际法庭

---

① Jeffrey Delmon, *Public-Private Partnership Projects in Infrastructure: An Essential Guide for Policy Makers*, Cambridge University Press, 2 edition, October 12, 2017, p. 53.

涉诉。[1]

目前比较有影响力的国际仲裁机构有：国际商会仲裁院，伦敦仲裁院，中国国际经济贸易仲裁委员会，等等。《关于承认和执行外国仲裁裁决的纽约公约》规定，国内法院不得审查仲裁决定的实体内容。

与全球化的生产和贸易相伴随，私人治理模式更广泛地应用于跨境金融。包括：国际商会银行技术与实务委员会，世界交易所联合会（证券市场），金融衍生品政策集团（其成员主要来自投资银行），等等。国际会计准则委员会和国际会计师联合会，分别发展了目前全球主要应用的会计和审计准则。评级机构如穆迪和标准普尔，对主权国家和公司的信用评级，是全球经济重要的非官方政策影响因素。

私人企业治理模式在全球通信领域也得到广泛应用，如国际电信联盟由政府间的组织逐渐转变为公私联合型的治理机制，已经吸纳了 189 个成员国的超过 600 余家电信公司。互联网名称与数字地址分配机构（ICANN）创建于 1998 年 9 月 18 日，目的是接管包括管理域名和 IP 地址的分配等与互联网相关的任务，这些任务曾由其他组织（特别是 IANA）代表美国政府来执行，但 ICANN 仍受美国政府及法律管理。2016 年 10 月 1 日美国商务部下属国家电信局（NTIA）把域名系统（Domain Name System，DNS）管理权正式移交。这标志着作为世人日常生活一部分的互联网迈出走向全球治理的象征性一步。进入全球“多方利益攸关”（Multi-stakeholder）模式时代。

其他市场领域的私人企业治理模式也很活跃，国际标准化组织是一个典型的非政府组织，其推出的具体标准往往与一些主要公司取得一致。国际商会跟单信用证统一惯例，得到超过 175 个国家银行协会的采纳。国际航空运输协会对航线文件进行标准化，

① Farshad Ghodoosi, “The Concept of Public Policy in Law: Revisiting the Role of the Public Policy Doctrine in the Enforcement of Private Legal Arrangements”, *Nebraska Law Review*, Volume 94, Issue 3, 2015, p. 687.

广泛应用于国际航空市场。国际食品法典委员会就全球范围内的食品添加剂进行标准化，也得到广泛认同。

私人企业治理模式的优缺点，来自其对社会正义和民主的关系。全球化进程推动了跨境治理的市场化，多极治理不仅包括行为上的更大规模，还包括公私治理模式的相互合作。私人企业治理模式之所以快速发展，很大程度上是因为政府之间通过官方立法的模式实施会支出更大的社会成本。私人企业治理模式也不得脱法，国家对私人企业治理模式的监管主要依赖概括授权、过程控制和问责制。

（四）民间社团的参与治理

治理模式的发展是治理适应全球化进程的结果，无论是亚国家、国家、超国家和私人企业模式都是治理能力不断适应社会分层的结果。中央统制向多极治理的转向，对市民社会产生了深远的影响。

根据 16 世纪的英国政治思想，市民社会可能具有多重含义。①在当代的语境之下，有学者将其建构为一个政治空间，公民根据其自由意志形成协会，进而构成政治国家的各党派，并最终形成治理社会生活的法律规则。民间社团（市民社会团体）并非刻意也非强迫地形成公民的合意来制定官方的法律和非官方的规范，官方的法律和非官方的规范共同形成治理社会行为的框架。

民间社团往往反映一个特定人群关于特定政策议题的观点，如消费者保护运动，发展合作倡议，环境保护运动，种族平等，特定宗教派别团体，也有可能是特定职业的团体和智库组织，等等。民间社团可以包括非政府组织，而且其外延更为广阔，组织形式、所代表社区、能力设定、地理分布、意识形态宣传、战略愿景和竞选策略等方面具有极大灵活性和广泛性。

民间社团对社会生活规则的关注，使得其成为一种治理机制。

---

① John Greville Agard Pocock, *The Machiavellian Moment: Florentine Political Thought and the Atlantic Republican Tradition*, Revised edition, Princeton University Press, February 16, 2003, p. 499.

在中央统制模式下，治理从上而下，国家直接可以设定市民社会的运行。全球化和多极化条件下，市民社会将治理的注意力从国家转向社会治理网络，也包括跨境治理的制度安排。19 世纪末期以来全球性的种族平等、劳工保护、和平倡导、宗教信仰和妇女解放等各方面的社会运动已经广为发展，但是其规模远非今日如此规模跨境或全球性民间社团所能比拟。[①] 全球性民间社团可以概括为以下几个方面的特征：

1. 全球性民间社团关注解决跨境治理问题

跨境治理问题如军备控制、难民收容、气候变迁、文化保护、债务免除、数码包容（digital inclusion）、性别平等、禁毒防艾、人权促进、劳工保护、宗教活动和贸易协议，等等。也许全球化的成功之一就是，即便是“反全球化”也是以全球化的民间社团来传播其政治立场的，使得“反全球化”注定成为一种社会情绪的宣泄。

2. 全球性民间社团参与跨境事务的具体治理

一方面，大量的民间社团依托于联合国、世界银行、国际货币基金组织和世界贸易组织而成立，在具体的跨境治理中承担某种职能。另一方面，大多数政府间的国际治理机构都会设计相应的机制保障民间社团的参与性。

3. 全球性民间社团依托全球性的交通和电信条件运作

交通和电信条件的持续改善，使得无论是面对面的会议，还是远程视频会议，以及远程指挥协调，都成为可能。

4. 全球性民间社团采取全球化的组织形式

一些社团采取中央集权式，如世界经济论坛以“全球公共利益中的企业家精神”为座右铭集合了 900 余家跨国公司参加。也

---

① Mario Pianta, Raffaele Marchetti, Transnational Networks in the Global Justice Movement, (Donatella Della Porta, Massimiliano Andretta, Angel Calle, Helene Combes, Donatella Della Porta, Nina Eggert, Marco G. Giugni, Jennifer Hadden, Manuel Jimenez, Raffaele Marchetti), *Global Justice Movement: Cross-national and Transnational Perspectives*, 1st Edition, Routledge, August 30, 2007, p. 29.

有一些社团采取了联邦集合式，如国际自由工会联合会，有 152 个国家或地区的劳工组织加入。也有一些民间社团并没有从事协调活动的秘书处等，而是完全依托跨国网络形成彼此协调，如议员全球行动联盟，等等。

5. 全球性民间社团往往具有普遍性的情感诉求

这种情感诉求是跨越领土的，更多涉及人类命运共同体议题。如基于年龄、阶级、性别、职业、种族、残疾、性取向和宗教信仰等，而形成的国际性民间社团。

6. 全球性民间社团采取国际性监管规则进行自我治理

例如道德贸易倡议（ETI），是由国际性的品牌公司、零售商、工会、运动团体和慈善机构组成的联盟，要求所有 ETI 成员公司、其他零售商和国际品牌公司均适用该基本守则，并均承诺确保其产品供应商遵守该守则。各公司适用该守则时，既可逐条全部采用，也可选择守则内容纳入自己的规章制度。

当然，从另一个角度而言，民间社团有时也会推动“反全球化运动”，阻碍政府间跨国治理的努力，使得政府监管政策发生反转。

第 三 章

跨境经济合作区的章程构建

第一节　基于经济民主治理的分析与建构

一　经济民主治理的基本框架

信息的不完全使得任何文本协议和框架，无论其文本设计初衷如何，也无论其文义表达如何周详，都难免存在空缺结构，都难免存在剩余立法权、剩余执法权和剩余索取权的分配问题，这也是产生治理的根本原因，也是治理所要解决的问题。文本协议和框架的空缺结构，之所以无法通过法律解释来解决，主要的原因在于所谓空缺结构的本质是不同利益群体之间的博弈，如果利益博弈没有达成共识，那么任何关于空缺结构的争议就会不断持续。缺乏理性的沟通共识和协商的基本规则，所谓经济民主治理将可能沦落为冗长低效的争吵、欺骗和强制。基于理性、公平和自愿的原则，引入国际组织常见的罗伯特秩序规则（Robert's Rules of Order）[①]，是解决协调利益、弥合冲突和达成共识的关键。罗伯特秩序规则，也被称为"罗伯特议事规则"或"通用议事规则"，其核心是审慎衡平地处理个人与团体的权利诉求，这些权利诉求是：多数人的意见，多数人的权利主张；少数人的意见，少数人的权利主张；民事个体的权利主张；缺席人的权利主张；组

① ［美］亨利·罗伯特：《罗伯特议事规则》（第10版），格致出版社、上海人民出版社2008年版。

织整体的权利主张。

考虑到“一带一路”沿线国家或地区的经济社会发展阶段，跨境经济合作区的治理不应该是简单的民主投票权表决，而应该是审慎型民主（Deliberative Democracy，也可理解为一种协商型民主）[①] 的决策机制。决策的原则有三：其一，尽可能维系跨境经济合作区的正常运转；其二，尽可能尊重每一个成员所代表群体的权利诉求；其三，尽可能表达每一个成员所代表群体的愿望意志。其运作的逻辑就是，维护成员各方的意愿表达和利益诉求，通过协商谋求建设性的解决方案。

（一）经济民主治理的要素

包容的广泛性：在讨论阶段尽可能包括不同的利益相关者群体。

参与的开放性：所有的参与者都有机会表达自己的意见和建议。

协调的技术性：任何动议均注明启动者的实际身份信息，其他参与者有权对该动议提出修改建议，由起草小组进行法律技术处理形成最后提案。

寻求同意文本：目标是尽可能多地达成同意文本，无论做出最后决策需要多少同意文本，组织都需要按照一致同意程序争取全部的同意文本。

合作的共识性：一旦达成完全同意，所有参与者就必须服务于集体的利益。提案需要回应每个个体的关切，才能形成最大公约数的共识（见图3－1）。

（二）形成集体决策的替代性方案

如果没有办法达成全体一致同意，那么集体行动需要国际组织通识的程序规则保障其集体决策的效力和执行力，一旦形成集体决策，对所有集体成员具有法律约束力。罗伯特秩序规则的目标是在结构上实现经过充分辩论和得到绝大多数人支持的提案。

---

① Chantal Mouffe，“Deliberative Democracy or Agonistic Pluralism?” *Social Research*，Vol. 66，No. 3，Prospects for Democracy（Fall 1999），pp. 745－758.

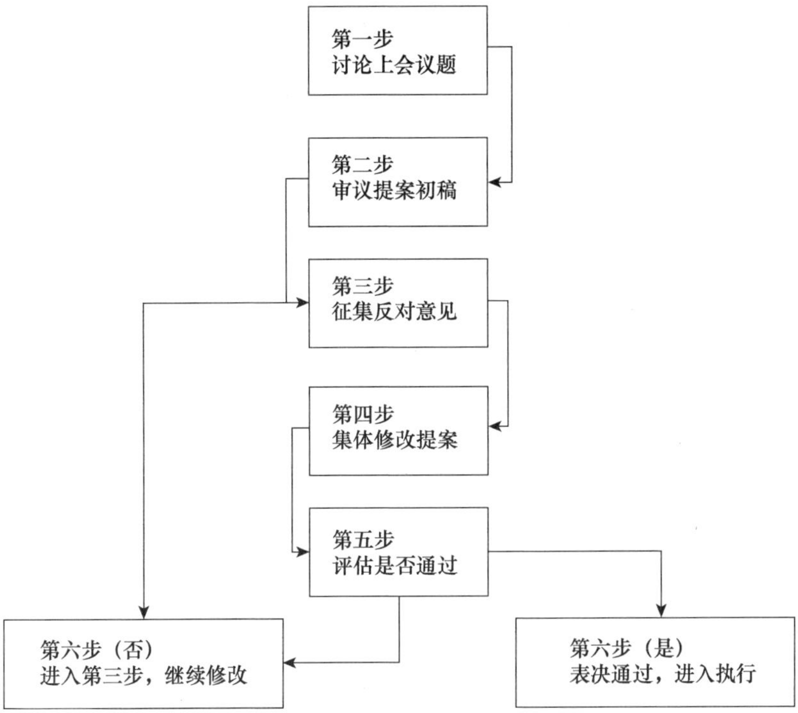

图 3－1 经济民主治理基本框架示意图

跨境经济合作区治理委员会集体决策的替代性方案，是无法实现全体一致同意的次优选择，其目标可以概括如下：

更好的决策：包容所有利益相关者的信息反馈，对所有提出的或潜在的关切予以回应，信息反馈和回应都将得到公开披露。

更好的执行：包容所有意见派别，按照绝大多数人通过的表决规则，尽可能地寻求最大公约数意见，实现决策的最大合作执行。

更好的集体：合作型和协作型的集体氛围有助于形成集体的凝聚力和友好的人际关系。

（三）关于提案的修改程序

提案进入第五步之后，如果没有获得评估的通过，传统观点认为应当继续进入第四步的修改。然而实践表明，进入第三步，继续征集反对意见，与反对的意见进行沟通和交流，更有利于修改提案。当反对的观点得到直接回应并取得其谅解之后，更有利于提案的表决通过。

（四）决策的最终确认

国际组织一般在其章程中对需要表决和无须表决的决策进行具体分类，同时对需要表决的事项进行进一步分类，确定其表决门槛。

1. 需要表决通过的技术性门槛

以全体一致的强度从高到低如下：

全体一致同意的通过

缺一票的全体同意通过

缺两票的全体同意通过

绝对多数的同意通过（例如60%，2/3，75%，80%，90%的门槛，等等）

简单多数（过半数）

2. 无须表决通过的事项

执行委员会的决定

当职管理人员的决定

二　经济民主治理的实践基础

跨境经济合作区的经济民主治理需要建立于相邻国家政治互信的基础上，就技术性管理的议题展开，这也是平等国家主体之间建立国际组织有效治理的前提。和平与发展是“一带一路”沿线国家或地区的主要夙愿，为了促进跨境经济合作区的建设运营，相邻国家间商务、公安（警务）、海关、边防、交通等部门往往进行较深入的技术沟通先行达成一些基础协议。例如中国政府相关职能部门与哈萨克斯坦、越南、缅甸、老挝等实务部门的理论研讨和试点探索，已经在基础设施、电力、农业、牧业、民生等多个领域达成共识，通过磋商解决具体的技术性问题。中国与哈萨克斯坦、越南、老挝、缅甸、泰国等国家的海关达成的相关协议，已经使得相邻国家间的货物通行能力得到极大的提升。例如，2013 年，中国、老挝、泰国海关签署的《大湄公河次区域便利货物及人员跨境运输协定》，这一协定使得来自中老跨境经济合作区及边境口岸的货物可以直接运抵泰国。又如，中国与哈萨克斯坦、越南、缅甸、老挝的铁路、公路、机场等基础设施的协商与推进，已经取得了积极的进展，下一阶段的工作重点已经聚焦于技术性的车、证照、人员的具体技术性管理议题。又如，哈萨克斯坦、吉尔吉斯斯坦、乌兹别克斯坦、土库曼斯坦、塔吉克斯坦等国家间的互联互通的技术性管理，以及新加坡与马来西亚直接的互联互通的技术性管理。另一个议题是，相邻国家间公安（警务）、边防（部队）和边境检验检疫机构的技术性协同管理，特定区域内双方共同组成的执法部门联合行动，可以有效节约人员、货物往来的交易费用。地方政府间相互协调的技术性管理，也取得了较为明显的成果。较为典型的是，中国云南省、广西壮族自治区与越南广宁、谅山、高平、河江、老街、莱州、奠边省之间的相互沟通与协调机制。

需要略作总结的是，“一带一路”倡议沿线的相邻国家或地区，在历史上天然存在着较大的经济社会发展水平差异，较大的民族民俗风情差异，以及较大的宗教文化习俗差异，在平等国家之间共同建设跨境经济合作区需要尤为强调经济的民主治理。[①] 就亚洲国家间的历史和关系现状而言，无论是宗教与民族较为接近的阿拉伯国家之间，还是民族文化有一定历史联系的突厥语国家之间，既无法建立类似于美国、加拿大、澳大利亚、新西兰和英国的特殊国家关系模式，也不大可能建立欧洲大陆国家间宗教文化背景较为接近的欧盟国家关系模式，因此，倡导基于多元、平等、互惠的经济民主治理跨境经济合作是较为现实可行的。

---

① 习近平：《深化文明交流互鉴 共建亚洲命运共同体——在亚洲文明对话大会开幕式上的主旨演讲》，人民出版社 2019 年版。

三 经济民主治理的议题聚焦

其一，明确建立跨境经济合作区的平台，共同设计区域规划、共同设计产业规划、共同制定跨境经济合作区的章程，共同规划合作内容、方式和阶段性任务，共同研究推进互联互通。

其二，相邻国家的人民共同分享跨境经济合作区的建设发展成果。这里涉及贸易、投资、就业、文化、教育、医疗等多个方面，尤为强调跨境经济合作区对相邻国家医疗、教育和社会保障贡献水平的评估要求。

其三，相邻国家间强化打击贩毒、走私、人口贩卖的合作机制，严格保护动植物资源、矿山矿产资源，推进边境执法的协调与效率，推进边境管控的技术能力，推进环境友好型的绿色发展。

第二节 治理委员会的构成与权力设置

治理委员会的有效运转，来自平衡的成员构成，任何一方都不宜谋求绝对压倒性的成员比例。从已有的组织运转经验而言，一方压倒性的成员比例往往意味着另一方以较低的成本退出。[①]

一 治理委员会的构成

国际组织的治理委员会类似于标准公司的股东会，是平等主体之间基于资金或资源投入而获取一定投票比例的机构，是组织的最高权力机构。跨境经济合作区的主要资源投入为土地，组织运营所需的资金可以经由参与国通过市场化的融资方式解决。具体建议如下：

（1）跨境经济合作区治理委员会根据其土地贡献比例行使表

① Lucia Quaglia, Fabrizio De Francesco, Claudio M. Radaelli, "Committee Governance and Socialization in the European Union", *Journal of European Public Policy*, Volume 15, Issue 1, 2008, pp. 155 - 166.

决权。

（2）根据公司股东会否决权的表决门槛设置原理，跨境经济合作区参与方的最低跨境区土地贡献比例不低于（1/n）×70%，其中 n 为参与方的数量，保证土地贡献比例较低的参与方享有否决权。

（3）土地贡献比例最低的一方单独提名治理委员会的主席人选，如出现比例最低为多方共同的，则这几方联名提名治理委员会的主席。

（4）土地贡献比例最多的一方提名首席行政执行官、首席司法裁判官和独立审计官。

（5）治理委员会的成员人数为 2n+1，其中 n 为参与方的数量，首席行政执行官、首席司法裁判官和独立审计官是治理委员会成员，其享有的投票权与其他治理委员会成员一致。

（6）治理委员会成员的具体名额由参与各方根据其土地贡献比例共同决定，具体人选由参与各方中央政府派出或撤回。

（7）治理委员会主席、首席行政执行官、首席司法裁判官和独立审计官可以由在参与方没有居留权的其他国家或地区的人士担任，具体任职资格由参与各方共同决定。

（8）治理委员会主席、首席行政执行官、首席司法裁判官和独立审计官每届任期五年，可以连选连任。

（9）参与各方的土地贡献比例一致的，治理委员会主席、首席行政执行官、首席司法裁判官和独立审计官的提名规则由参与各方共同决定。

二　治理委员会的权力

治理委员会作为权力机构，是指跨境经济合作区的一切重大问题，需要由该机构来做出决议，权力机构既区别于行政事务执行委员会，不执行日常业务，也区别于司法裁判委员会和政策咨询委员会。治理委员会只负责就公司的重大事项做出决议，集体行使跨境经济合作区参与各方的权利。具体建议如下：

（1）决定跨境经济合作区的发展计划和各参与方的权利义务。

（2）选举跨境经济合作区首席行政执行官和行政事务执行委员会成员。

（3）选举跨境经济合作区首席司法裁判官和司法裁判委员会成员。

（4）任命跨境经济合作区独立审计官。

（5）审议批准行政事务执行委员会的报告。

（6）审议批准司法裁判委员会的报告。

（7）审议批准跨境经济合作区年度财务预算方案、决算方案。

（8）审议批准跨境经济合作区的融资方案。

（9）行政事务执行委员会成员和司法裁判委员会成员，可以由在参与方没有居留权的其他国家或地区的人士担任，具体任职资格由参与各方共同决定。

三 公众咨询委员会的伙伴协调

公众咨询委员会主要功能在于协调各方建立伙伴关系，对于经济民主治理的正常运行发挥着重要的作用，是治理委员会功能的重要补充。公众咨询委员会由专业人士、利益相关方、地方在野党、地方政治团体和地方民意代表构成，成员人数建议不低于15人。国际组织的公众咨询委员会的构成一般是，专家占比1/3，地方在野党、政治团体和民意代表占比1/3，其他利益攸关方占比1/3。实际操作中，地方在野党、政治团体和民意代表的占比往往超过50%。咨询委员会的代表往往自愿产生，遇报名人数较多的情况，往往采取抽签的形式随机产生。为了尽可能地包容不同意见和观点，咨询委员每届任期为一年，没有任届的限制。

公众咨询委员会的功能主要在于社会不同观点的交流和沟通，促成跨境经济合作区运行机制的伙伴关系。跨境经济合作区的参与各方共同制定公众咨询委员会章程，共同决定咨询委员的产生办法，共同决定咨询委员会的运作机制。咨询委员会主席可以由地方政府官员担任，也可以由咨询委员推举产生。所有咨询的意见可以由咨询委员会向跨境经济合作区相关治理机构提出，也可以由咨询委员个人向相关机构提出。公众咨询委员会应当定期召开，特殊情形下可以临时召开，公众咨询委员会的咨询资料应当面向社会公众开放查阅。社会公众可以自由旁听咨询会议并发表自己的见解。①

第三节　治理委员会的表决规则建议

一　国家主权平等与治理委员会专业判断

跨境经济合作区没有独立的国际公法主权，也不是凌驾于参与各方之上的组织，没有最高立法机关，也不具有对国家立法的权力。跨境经济合作区是国家之间相互合作的国际法律形式。国家之间的共识，能够享有的国际法权利和承担的国际法义务，都将以相互之间的协议为基础，这些协议构成了主要的国际法律形式，国际法协议的实施依赖于国家的主权信用和配套的治理机制。国家主权平等是国际组织得以设立的法律基础：其一，每一个参与方都有一个投票权，即使另有约定，也只能拥有一个投票权；其二，无论是大国还是小国，每一个投票权均具有同等的法律效力。国家主权平等集中体现在国际组织治理中的一致同意原则，也称为协商一致原则。具体结合跨境经济合作区治理委员会有如下几点：其一，每一个参与方都享有参与制定治理规则的平等权利，享有治理产生的利益，承担治理要求的义务；其二，每一个参与方都享有否决权，任何国家或组织都无权将自己的意志强加于其他人。

然而完全的国家主权平等和一致同意原则，可能是缺乏实践性的，其问题在于类似的公司僵局，少数异议投票方可以任意否

① Kenneth Kernaghan, "Partnership and Public Administration: Conceptual and Practical Considerations", *Canadian Public Administration*, Volume 36, Issue 1, March 1993, pp. 57 - 76.

绝大多数人的决策，从而使得国际协议或者国际组织对其签约方缺乏拘束力。如果一个国家在国际组织或者国际协议框架中，过于频繁地使用国家主权平等和一致同意原则，可能导致该国在主要的国际事务和国际磋商中被边缘化。因此，大部分国家选择尽可能通过联合国或其他广泛接受的国际组织来协调立场，通过充分的交涉，最终实现一致同意，这也使得绝大部分国际协议能够遵守和落实。

另一个现代国家和现代国际组织的特点在于，对专业人员专业判断规则（business judgement rule）① 的尊重。所谓专业判断规则，是指专业人员团体在没有利益冲突的前提下，基于其能力、经验和方法所做出的独立决定，应当得到尊重。专业人员由各国政府选派或指定，并且为各国政府承担勤勉和忠信义务，直接为各国政府所负责。专业人员将不需要对表决通过的议题与需要表决通过的议题进行区分，正是基于如此的专业判断规则，现代国际组织的治理往往能够实现一致同意原则，大大提高了国际组织的运行效率。

二　具备最大公约数的审慎民主

民主的理想需要转化为可以实际行动的法律程序和规则，才是可以运转的民主。为了保障跨境经济合作区的正常运行，治理委员会需要尽可能包容反对意见，促成最大公约数的审慎民主。审慎民主并不是简单的投票，而是更为强调不同观点之间的沟通与协商。肯尼斯·约瑟夫·阿罗教授论证的阿罗不可能性定理（Arrow's Impossibility Theorem），② 指出由于多数人偏好选择结果的不确定性，民主投票必然存在着悖论问题。根据阿罗不可能性定

① Forest L. Reinhardt, Robert N. Stavins, "Corporate Social Responsibility, Business Strategy, and the Environment", *Oxford Review of Economic Policy*, Volume 26, Issue 2, Summer 2010, pp. 164 - 181.

② Kenneth J. Arrow, "A Difficulty in the Concept of Social Welfare", *The Journal of Political Economy*, Vol. 58, No. 4, Aug., 1950, pp. 328 - 346.

理，跨境经济合作区的审慎民主，即通过选择治理委员会的成员，由其成员和机构间的制衡机制做出最优决策，避免出现权力集中和高度依赖于任何个人的现象。

很多国际组织为了避免投票悖论的发生，往往将决策表决顺序设置为：（1）第二修正案；（2）第一修正案；（3）决策正本。每一个顺序均要求一致同意，如果出现替代性的决策方案，则从第二修正案开始表决，具体的操作规则需要参与各方在民主与效率之间做出权衡。即使是公认的国际组织典范的欧洲联盟，都难免存在组织僵局、难民决策悖论和英国脱欧这样的困局。

"一带一路"沿线国家目前总体的现代公民意识和社会资本积累都难以支持较为复杂的民主程序运行，因此跨境经济合作区治理委员会的制度设计不宜完全照搬西方国家的模式，应当尽可能贴近沿线国家或地区的经济和社会发展阶段，逐渐培养沿线人民的现代公民意识、现代法治意识和社会合作意识。

三　一致同意的法律程序说明

一致同意（consensus）是决策程序中对磋商和表决的要求，而全体一致（unanimity）或多数表决（qualified majority voting）则侧重于某个环节的通过的必要性要求，根据世界贸易组织、联合国海洋法会议、世界人口会议等国际组织实践[①]，可以概述如下：

（一）前置程序

一致同意主要体现在程序性上，辅助多数表决原则，即先就决策中不同的观点进行磋商并谋求一致，而不是先就决策进行全盘表决。由于决策中的不同观点已经取得一致，那么最后的决策是已经包容不同观点的结论。只有当反对者显而易见地不合公理或公然藐视其他国家，使得继续一致同意前置程序缺乏意义，才可以诉诸表决。最大限度促成决策的形成，防范组织僵局的出现。

① Thomas König, Jonathan B. Slapin, "From Unanimity to Consensus: An Analysis of the Negotiations at the EU's Constitutional Convention", *World Politics*, Volume 58, Issue 3, April 2006, pp. 413 - 445.

（二）细致性

各国就其观点和立场进行详细的阐释，鼓励其进行建设性的说明，会议组织方给予其充分的时间和机会，所有阐释和说明都将详尽地记录下来，与会各国将在会议记录上签字，以体现其法律效力。决策以及决策的法律拘束力也应有详细的回应和说明，特别是决策的可实施性、可验证性都应有较为细致性的描述，相关资料对参与各方都将公开和透明。

（三）文本的平衡性

决策文本应当保障和尊重参与各方的权利与义务，在决策文本具有可实施性、可验证性和可督导性的前提下，在文本中宣示各方享有的权利和义务。在文本中充分体现参与各方的期望与诉求，反映各方的关切，照顾各方的心理感受。文本的平衡性，还体现在决策的执行具有平衡性的要求，权利与义务相互对应，相互保障和支持。

（四）弃权和保留条款的禁止

弃权或者保留条款将使得多边协议缺乏法律拘束力，因此现代国际协议一般不允许设置弃权或者保留条款。各国的诉求完全可以通过多轮磋商来解决，没有必要通过弃权或保留部分条款而拒绝整个协议。为了技术性解决部分参与国的特别诉求，允许持不同立场的参与国以政治声明或者解释性声明的模式来表达其观点，但是对于已经协商一致的正式文本或决议，任何参与国都不得弃权或保留适用其中的条款。

第四章

跨境经济合作区的行政事务执行

第一节　行政事务执行委员会的权力与运行机制

跨境经济合作区行政事务执行委员会是跨境经济合作区具体行政事务的执行机构，其首席执行官和成员由治理委员会决定。跨境经济合作区行政事务执行委员会根据跨境经济合作区参与各国的协议和治理委员的领导，具体执行跨境经济合作区的地理规划、贸易治理、互联互通治理、金融与税收治理和海关合作治理等。参考联合国、欧盟、国际足联、国际奥委会等国际组织的运营实践[①]，建议如下：

（1）除跨境经济合作区参与各方缔结的协议或根据跨境经济合作区章程属于其他几个处理的事务以外，行政事务执行委员会对治理委员会权限以外的所有事项做出决策和执行。

（2）行政事务执行委员会根据跨境经济合作区参与各方缔结的协议或跨境经济合作区章程的要求召开行政事务执行委员会全会。

（3）如有半数以上执行委员会委员提议召开行政事务执行委员会全会，首席行政事务执行官应当召开行政事务执行委员会全会。

---

① Giandomenico Majone，"Delegation of Regulatory Powers in a Mixed Polity"，*European Law Journal*，Volume 8，Issue 3，September 2002，pp. 319 – 339.

（4）首席行政事务执行官应当起草会议议程，每个行政事务执行委员都有权提出会议提案。

（5）行政事务执行委员会的总人数为 2n + 1，其中的 n 为跨境经济合作区的参与方数量，首席行政执行官及每一名成员均享有一个投票权，特别事项需经过 2/3 票数表决通过，一般事项需经过 1/2 票数表决通过。

（6）行政事务执行委员会成员可以由在参与方没有居留权的其他国家或地区的人士担任，具体任职资格由参与各方共同决定。

（7）行政事务执行委员会执行跨境经济合作区的发展计划和投资方案。

（8）制订跨境经济合作区的预算方案和决算方案。

（9）制订跨境经济合作区的利润分配和亏损弥补计划。

（10）制订跨境经济合作区的市场化融资计划。

（11）决定行政执行委员会的内部机构设置。

（12）制定跨境经济合作区相关治理机构和聘用人员的报酬事项。

第二节　跨境经济合作区的地理规划

一　合作区的地理划定

为了保障跨境经济合作区的设计规划，合作区应当尽量划定在参与各国的边境地区。具体的建设方案有如下几种：

其一，基于参与各方的历史和惯例，充分利用现有边界口岸扩建设立，行政事务执行委员会基于专业组织合作区的地理划定进行工作。边界口岸一般都是历史形成的，有其地理地势的原因，也有资源流动的原因，并由此形成了跨境地区在血缘、民族和文化方面的历史联系。长期贸易使得边界口岸往往具有较好的基础设施，当地政府和管理机构往往具备丰富的跨境工作经验。

其二，新建设立跨境经济合作区，行政事务执行委员会根据参与各国和治理委员会的授权，选择较为适合的非边界口岸的边境地区实施建设。这种方案的规划和建设无须考虑传统贸易路线的制约，适合于建设现代化的基础设施和产业基地。但是其市场前景、融资方案和具备经验的专业管理人员相对缺乏。

两种方案各有千秋，参与各国可以结合跨境经济合作区的规划目标具体选择相应的建设方案和行政事务执行方案。行政执行委员会仅限于向参与各国提交地理划定的建议，由参与各方立法部门批准后生效。

二 合作区的功能结构与版块规划

跨境经济合作区是具有综合功能的高级次区域国际经济合作模式，不仅在功能上超越了传统的互市贸易区、口岸免税区和特别经济区，而且在地理规划上覆盖了更广的面积。跨境经济合作区的规划目标是基于相邻国家的资源禀赋和历史文化特点，推进参与各方共同的产业整合和经济综合实力提升。这就使得跨境经济合作区的规划上需要充分协调近期目标、中期目标和远期目标，为未来发展预留土地规划和市场转化空间。[①]

综合考虑生产加工区、科技创新合作区、仓储服务区、物流服务区、生活休闲区、度假服务区、购物免税区等，应当尽量考虑地理地形和历史人文与基础设施的协调性，注重消费习惯与市场结构的结合。

“一带一路”沿线国家或地区山水相连、血脉相通，建议合作区必须符合环境保护标准，每个跨境经济合作区应当设置相应联合团队，从事跨境区森林、土地、荒漠、草场、高原、河流、湖泊和野生动植物资源等的科学研究和法律保护工作。

“一带一路”沿线国家或地区文化、教育、体育和科研水平总体较为落后，建议合作区：（1）必须建立科研合作开发与市场转

① Laurence J. O' Toole Jr. , Kenneth J. Meier, “Public Management in Intergovernmental Networks: Matching Structural Networks and Managerial Networking”, *Journal of Public Administration Research and Theory*, Volume 14, Issue 4, October 2004, pp. 469 – 494.

化项目，吸引国际研究团队进驻。（2）鼓励合作区建设一定的体育设施，吸引国际奥委会和国际足联等国际体育组织设立青少年项目培训基地。

三 “一带一路”沿线可能建立跨境经济合作区的选址

（一）选址的建议标准与财政支持

“一带一路”倡议的跨境经济合作区选址的建议标准（但不限于）：（1）该地区能够保持长期的政治稳定，民族关系和睦，不存在政治、宗教、领土的严重分歧与冲突。（2）必须规划联合跨境环境保护项目。（3）必须设置科研合作转化项目。（4）必须设置历史、人文、文化或体育交流项目之一。

符合“一带一路”倡议标准，愿意加入“一带一路”倡议的跨境经济合作区项目，将有机会得到丝路基金和亚洲基础设施投资银行的支持。

（二）中哈边境地区

中哈近年来的政治互信不断加深，霍尔果斯国际边境合作中心的发展已经给双方经贸联系带来了巨大的成果。中哈边境是“一带一路”沿线的中间地带，也是中方向中亚方向出境的第一站，无论是双方的合作基础还是资源互补、地理地势、历史人文，结合现有的边界口岸和基础设施建设，未来有望继续发展跨境经济合作区建设。

（三）中国—中南半岛国家

中国广西、云南与越南、老挝、缅甸已经规划建立了若干跨境经济合作区，随着中国通向中南半岛的泛亚铁路等交通基础设施的完善，以交通设施为沿线，以澜沧江—湄公河、萨尔温江、怒江、伊洛瓦底江、红河等河流为沿线，以泰国湾、缅甸海和孟加拉湾的海岸线为沿线，有望建立各国跨境经济合作的典范地区。

（四）中国—俄罗斯、朝鲜、蒙古

中国与东北亚地区的陆上邻国已经就图们江、乌苏里江、黑龙江、满洲里有效开展了不同层次的跨境经济合作，随着该地区政治、经济形势的稳定和政治互信的加深，有望建立中国、俄罗斯、朝鲜、蒙古、韩国、日本、美国和加拿大之间更为广泛的北太平洋跨境经济合作。

（五）中亚和高加索地区

沿费尔干纳河谷地区至里海沿岸至高加索山脉，相邻各国之间因宗教文化、民族血缘、历史习俗等诸多方面而具有较为深刻的传统友谊。由于这些国家共同与中国有着较为深刻的资源与市场互补，中国可以以域外观察员或者利益相关者身份，参与推动相邻国家之间的跨境经济合作区建立。

（六）波兰、乌克兰、罗马尼亚、摩尔多瓦

波兰、乌克兰、罗马尼亚、摩尔多瓦在政治、经济、军事、人文等各方面都具有深厚的友谊，四国在处理与俄罗斯、欧盟、美国、中国等国的外交关系上往往采取相似立场，也是“一带一路”进入欧洲主要地区的东大门，中国可以以域外观察员或者利益相关者身份，参与推动相邻国家之间的跨境经济合作区建立。

（七）匈牙利、斯洛伐克、捷克

匈牙利、斯洛伐克、捷克三国经济社会发展水平接近，地理资源禀赋相似，共同位于中欧心脏地带，长期以来支持“一带一路”的政策，与中国保持长期良好的经济贸易文化联系，中国可以以域外观察员或者利益相关者身份，参与推动相邻国家之间的跨境经济合作区建立。

第三节　跨境经济合作区的贸易治理

一　合作区的市场渠道

行政事务执行委员会的治理角色可以通过如下几个方面展开：其一，建立市场化大数据交易平台，帮助合作区内的企业与相邻国家的其他省份的市场渠道发展，降低供给与需求之间的信息成本；其二，建立市场化的宣传推广平台，合作区企业和个人可以通过自媒体自由宣传介绍其产品、科研、创新和优惠等信息，提高其产品和服务的知名度；其三，协调跨境区相邻国家简化进出口审批和检验检疫办理程序，促进合作区科研成果的市场转化。①

二 合作区的原产地标准

对于商品而言，原产地可以称为独立经济体意义层面的“关税区国籍”。大部分国家基于自身的国家利益，根据进口产品来源国的不同对其适用不同的贸易政策，这些贸易政策主要是指税率优惠或者税率惩罚。因此，原产地规则的标准便是行政机关确定进口货物原产国的基础。当今时代的国际贸易中，一般只有矿产品的出口，相对容易确定其来源国。不可逆的全球化资本流通和信息技术流通，已经使得几乎所有国家参与其中的产业分工和市场整合，跨境经济合作区更是往往集原材料采购、加工、组装、包装出口等综合功能于一身。②

如前文所述，跨境经济合作区并不涉及国家主权任何形式的让渡，所以合作区参与各方仍然对其贡献部分的土地行使完整的管辖权，即便是跨境区行政事务执行仍然由其东道国对所在土地具体执行。这就使得行政事务执行委员会基于国际贸易环境的“实质性改变规则”，具体设置跨境区不同版块承担相应的“原产地”成为可能。行政事务执行委员会应当根据跨境区参与方的共同利益，随时更新发布原产地标准，通常考虑的因素有：其一，产品的名称、性质和用途；其二，产品加工生产过程中的增值比例；其三，原材料与终端产品的性质比较；等等。

① Erin Anderson, Anne T. Coughlan, "International Market Entry and Expansion Via Independent or Integrated Channels of Distribution", *Journal of Marketing*, Vol. 51, No. 1, Jan., 1987, pp. 71 – 82.

② Wim Verbeke, Jutta Roosen, "Market Differentiation Potential of Country-of-Origin, Quality and Traceability Labeling", *The Estey Centre Journal of International Law and Trade Policy*, Volume 10, Number 1, 2009, pp. 20 – 35.

三 合作区的企业生产的社区建设标准

（1）合作区参与方土地贡献所属最低行政级别的行政管辖区域（不包含该企业所注册国家的相应行政管辖区域在内）的雇工比例不得低于该企业总雇工人数的30%。

（2）符合联合国建议的“可持续发展”倡议，经济合作与发展组织（OECD）建议“负责任商业行为”，以及国际标准化组织（ISO）发布的（IWA 26：2017）指导文件（即依据ISO 26000的社会责任国际标准建设相应的管理体系）。①

（3）依据当地习惯，积极参加所在地方传统民俗和宗教文化相关活动。

（4）企业员工积极参与当地文化、教育、卫生和社区公益活动。

（5）为当地社区提供科学技术普及和职业技能培训的免费宣讲、培训和教育等活动。

第四节 跨境经济合作区的互联互通治理

一 保障互联互通的行政大数据应用平台

2019年4月22日，国务院新闻办公室发布《共建“一带一路”倡议：进展、贡献和展望》报告指出，共建“一带一路”将继续把互联互通作为重点，聚焦关键通道、关键节点、关键项目，着力推进公路、铁路、港口、航空、航天、油气管道、电力、网络通信等领域合作，与各国共同推动陆、海、天、网四位一体的互联互通。②“一带一路”倡议的互联互通是现代科技创新应用背

① Kenneth A. Reinert, Oda T. Reinert, Gelaye Debebe, “The new OECD Guidelines for Multinational Enterprises: better but not enough”, *Development in Practice*, Volume 26, Issue 6, 2016, pp. 816 – 823.

②《推进互联互通“一带一路”建设再添动力》，《经济参考报》2019年4月23日，2019年6月21日，http://www.xinhuanet.com/money/2019-04/23/c_1124402844.htm。

景下的行政治道变革，不仅需要加强各行政部门的绩效提升，还需要加强行政部门之间、跨境行政部门之间的协调配合，通过云计算、大数据和人工智能在国家间的协同运作，优化国家之间的跨境管控秩序，降低国家之间的边境管控风险，提升国家之间互联互通的效率。

跨境区参与各方的数据信息交换与共享，对于现代交通运输系统、现代能源输送系统和现代信息传输系统的互联互通而言，是基础性的数据保障系统。其一，实现海关、金融监管、交通监管、进出境监管、边境检验检疫等直接负责边境管控部门与税务、商务、工商、公安、法院、企业、银行、保险、仓储、物流等国内行政机关或大型企业相互间的一般数据可查询性，以及特殊数据的快捷查询授权；其二，跨境相关个人、商品、企业、运输工具、知识产权、个人征信、司法管辖等基础信息备案与登记，跨境区相邻各方之间可以快捷查询；其三，跨境相关运输工具空间定位信息、资金流动信息、产品质量信息、卫星遥感信息等，跨境区相邻各方之间可以快捷索取。

二　人员、物资与服务的智能化法律治理

借鉴美国与加拿大、申根国家之间的通关模式，结合跨境区参与各方的具体国情，参与各方通过设置于跨境区内的联合监管通道，快捷实现个人与商品的一步式通关，最大限度地缩短和简化通关所需的时间和手续。具体而言，建议如下几点：

（一）智能化应用程序

跨境区行政执行委员会可以推出主要面向物流的监管 APP，进出关的人员和企业进行实名注册，建立相关人员和企业的诚信档案，对进出跨境区的运输工具进行登记管理。生产、封装、装载、卸载、理货等重点流程信息均可以通过图片、文本、视频提取。

（二）智能化商品信息

运用人工智能系统对标准各异的海量商品信息进行关键要素

提取，对商品的类别、价格、品牌、商号、知识产权、规格型号、原料成分、质量标准、厂商、原产地、生产年代、技术编号等进行人工智能处理，方便如下工作：（1）商品信息检索及动态信息更新；（2）价格信息比较，根据国际市场行家的价格波动，实时生成自动参考价格，并对其价格影响因素提出评估报告；（3）原产地标准识别与更新，根据主要进出口贸易伙伴的贸易政策和司法判例提出评估报告；（4）商品流通信息更新系统，对商品生产、销售、流通和消费的主要环节的信息录入，提出评估报告。

（三）智能化司法审判系统

主要涉及现有数据信息平台之间的共享对接与互操作性；建立可对所有诉讼参与人开放的单一电子系统标准，实现在线起诉和审判流程全程无纸化；创建数字身份识别流程标准，保障在线起诉及审判过程中各种信息交换的顺利进行，确保个人自由及隐私不受侵犯；建立审判信息数据公开标准，确保诉讼参与人得以随时、立即获取审判进程相关信息，提高审判工作透明度；建立在线诉调对接工作标准，鼓励争议各方通过多元途径化解矛盾。

（四）智能化模块监管系统

现代经济社会的分工与整合往往不是以监管设计者的意志为转移，不同的社会单元之间往往会基于市场和信息条件的变化发生新的整合，这些都是设计者不可能完全预见的。因此，针对新的创新与整合，在法律鼓励和促进的同时，运用人工智能分析监管的要素与目标，随时更新整合模块化监管系统以应对不同的社会单元组合。

三　面向社会公众的传统行政部门优化与整合

（一）合作区综合性信息服务平台

社会公众可以详细了解跨境经济合作区参与各方的法律法规和行政政策，以及跨境经济合作区的各项规章规则，可以进行各项事务的在线模拟和在线预审，最大限度降低行政运行成本。

（二）合作区综合性行政服务平台

综合性行政服务平台是将面向公众的环节优化，统一窗口受理、统一限时答复，将注册类、审批类、咨询类和劳务类的功能进行内部流程优化，能够当场办理完结的一律当场办理完毕。除非出现否定性理由，一律先预审肯定通过，确实需要补交材料的由申办人员限时补交。

（三）营商便利化和国际化的行政机关职能定位

资本、产业和消费的全球化链条，已经使得没有任何一个国家或者任何一个行政部门单一地到位履行其职能。基于营商便利化的需求，迫切需要行政机关优化自身的组织、协调和配合能力：（1）优化传统组织架构的扁平化与模块化；（2）业务流程的流线型和标准化；（3）人工智能介入分析处理标准的统一性；等等。

第五节 跨境经济合作区的金融治理

“一带一路”沿线国家的财政部门已经共同制定并且批准了《“一带一路”融资指导原则》[①]（以下简称《指导原则》），为进一步推进跨境经济合作区金融治理奠定了重要基础。跨境经济合作区治理委员会，根据《指导原则》鼓励沿线国家根据自己的国情开放国内公共服务市场，构建机制稳定和运行良好的法律、政策及监管框架，根据《指导原则》明确的原则，“积极发展政府和社会资本合作以吸引各类资金，提高基础设施的供给效率和质量”。

一 发展政府与社会资本合作的基金平台

20 世纪 70 年代以来，政府与社会资本合作已经得到广泛的推动。政府与社会资本合作的基金平台侧重于为项目运营提供资金支持，而不同于一般的政府与社会资本的项目合作。以国家开发银行城市建设基础设施平台公司为代表，可以推进设立“一带一

① 《“一带一路”融资指导原则》（2017 年 5 月 16 日），2019 年 12 月 8 日，国务院新闻办公室网站，http://www.scio.gov.cn/31773/35507/htws35512/Document/1552375/1552375.htm。

路”跨境经济合作区基础设施投融资平台，由中资公司以人民币（或其他国际货币）投资，相关国家企业以矿产资源投资入股，低收益的基础设施建设与高收益的矿产资源开发进行整合，延伸基础设施建设的价值链，解决基础设施建设项目长周期、低回报、难融资问题。[①] 主要的治理特征包括：其一，来自政府与社会资本的项目参与方对项目目标有着基本的共识，尤其是对项目可能存在的建设周期长、回报周期长、利润风险等存在共同认识；其二，项目参与方共同出资成立项目公司；其三，项目参与方对项目收益和风险已经基本确立分担原则。为了解决项目合作进程中的信息不对称和道德风险问题，治理建议有如下几点：

（一）跨境经济合作区治理委员会下设 PPP 办公室

PPP 办公室负责政府与社会资本合作基金平台的财政风险监控，专职人员负责基金平台以及投资项目的采购、建设、运营及交付的金融风险监控，依据工作流程预警、化解及处置金融风险。

（二）PPP 基金平台模式下的竞争模式

政府与社会资本合作的基金平台，并不妨碍形成有效的竞争体系。跨境经济合作区内的竞争性业务，应当对所有潜在的商业主体开放，允许符合资质条件的商业主体参与招投标。对于自然垄断性业务，进行特许权招标，最大限度引入竞争机制。

（三）运用市场化与协商型的价格形成机制化解 PPP 基金平台金融风险

竞争性业务领域，应当逐步实现市场化的价格形成机制，保障投资者的合法权益。自然垄断领域，由第三方评估项目的社会成本和社会收益形成最高指导价格，政府、企业和社会代表通过圆桌会议协商，形成各方都能接受的最优价格。

（四）实时监控 PPP 协议履行，建立金融风险安全预警机制

PPP 基金往往投资于公共产品，容易受到国际政治与经济影响，一旦缺乏足够的协调机制，可能导致安全事件或者公共服务

① 温来成、刘洪芳、彭羽：《政府与社会资本合作（PPP）财政风险监管问题研究》，《中央财经大学学报》2015 年第 12 期。

停滞。跨境经济合作区治理委员会应当注重协调和预防，提前采取防范措施。由于 PPP 基金以及所投资项目的核心是协议履行，因此治理委员会应当对公共项目的建设质量和服务质量进行全程监督，对 PPP 协议履行情况进行实时监控，在确保项目服务质量和服务标准的同时，保障投资者权益，预防系统性金融风险。

二 推进当地国家之间以本币为单位的结算与支付体系

随着“一带一路”倡议的实施，沿线国家或地区与中国企业之间将会发生更为频繁的支付行为，为了降低结算支付的交易成本，交易各方之间直接使用人民币等本币进行结算与支付将成为新的常态。①

（一）完善人民币跨境支付的法律保障体系

人民币跨境支付系统（Cross-border Interbank Payment System，CIPS）已于 2015 年 10 月正式启动，为在岸人民币结算系统 CNAPS2（第二代中国国家自动支付系统）提供了可控的跨境访问方式，参照纽约清算所的银行同业支付系统（USD CHIPS），实现离岸人民币和在岸人民币直接的支付功能。随着区块链技术与跨境金融创新产品的加速演化，CIPS 的监管风险不断提升，同时 CIPS 系统如何与原有的人民币代理行、清算行模式、人民币 RNA 账户兼容，如何有效管控跨境资金操作风险，都是未来完善人民币跨境支付法律保障体系的关键。

（二）参与市场基础设施委员会（CPMI）拟定有关国际准则

通过参与市场基础设施委员会的国际准则形成，协调人民币跨境支付与美元、欧元、英镑、日元等国际主要货币的国际结算系统，在推进我国跨境支付结算监管标准的同时，积极化解不同币种之间的业务与监管摩擦，从而有效提升人民币跨境结算与支付的效率，鼓励“一带一路”沿线国家或地区以人民币进行外汇储备，使人民币能够真正实现“走出去”，同时“留得住、回得来”。

---

① 陈卫东、王有鑫：《人民币贬值背景下中国跨境资本流动：渠道、规模、趋势及风险防范》，《国际金融研究》2016 年第 4 期。

（三）推进与沿线国家之间的国际货币结算与支付合作

跨境经济合作区的参与各国之间缔结多边人民币或本币结算协定，通过本币之间的互换协议，推进人民币与石油、天然气、矿产资源之间的标价机制，减少国际汇率变动带来的风险，为跨境经济合作区提供充裕的金融支持。强化人民币的币值稳定性和流通性，推动人民币与沿线国际货币在双边银行间外汇市场的直接挂牌交易，减少汇率中间套算、降低货币之间的兑换成本，从而节约交易费用。

三　推进跨境经济合作区多层次资本市场的形成

跨境经济合作区需要基于市场机制配置资源，并通过市场机制实现参与各方之间的利益与风险分担机制。资本市场是现代市场经济的重要标志之一，是对市场运行情况进行客观反映的晴雨表，通过市场化的现代金融体系形成参与各方之间合理的风险共担和利益共享机制。[①]

（一）“一带一路”沿线国家或地区之间资本市场的互联互通

2014 年以来，我国先后建立了“沪港通”“深港通”“债券通”等资本市场互联互通机制，未来可以通过中国香港、伦敦等成熟的资本市场推进区域金融合作的资本市场，吸引国际游动资本进入跨境经济合作区，为参与各方企业提供融资服务与金融安排。

（二）国际专业金融机构参与监管和治理

“一带一路”倡议横跨亚欧大陆和非洲大陆，跨境经济合作区的项目交易复杂，金融风险和企业自身运营风险较大，给项目管理带来较高的要求。跨境经济合作区治理委员会需要吸纳国际专业金融机构，从项目设立、尽职调查、投资融资、风险管理、合约履行和最后退出等方面进行全流程的监控，有效管控风险，保障投资收益。

---

① 卢小平：《跨境经济合作区建设的国际协同——以中国与东盟三国为例》，《中国特色社会主义研究》2016 年第 4 期。

（三）培育发展人民币跨境金融产品

随着石油、天然气、矿产资源的人民币标价体系推进，可以培育发展以人民币为货币单位的大宗商品和金融衍生品。通过有序创新人民币等金融产品，有效管控汇率、利率和信用等风险，为跨境经济合作区的项目融资提供安全保障。

第六节　跨境经济合作区的税收治理

一　跨境经济合作区相关特别税收法律框架

跨境经济合作区相关特别税收法律框架，是参与各国主权和行政税收管辖权的具体体现。跨境经济合作区内的项目投资额高、投资和运营时间长、参与主体多元，因此配置合理的特别税收法律框架是跨境经济合作项目顺利实施的基础。"一带一路"沿线部分国家税制复杂、税种繁多，相邻国家之间的税制和税种协调较为困难。以公司所得税的"最低替代税"规则为例：根据常规纳税规则计算的公司所得应纳税金额低于适用税率乘净利润的情形，公司应当按照最低替代税额缴税。符合当地法律的前提下，超额缴纳的公司所得税可以折抵一定年限之内的应缴税额。这些征缴方式将对未来公司利润的估值产生影响。跨境经济合作区最为常见的工程总承包模式（Engineering Procurement Construction，EPC），很多沿线国家采用固定利润预缴税款的方式征税，待项目结束后再根据实际利润"多退少补"，这些都将直接影响跨境经济合作区各项建设目标的实现。跨境经济合作区参与各国（或独立关税地区）之间，应当以立法的形式明确跨境经济合作区内征税主体、征税范围、征税数额、征税程序，以及通过政府间协议明确所收税金在各国（或独立关税地区）之间的分配方案。

二　跨境经济合作区优惠税收政策的实施框架

跨境经济合作区能够成为资本和产业聚集结合的平台，合作区的健康顺利实施将为参与各国的产业发展、就业促进和税收增长产生积极作用，这是合作区参与各国最为重要的利益驱动力。[①]以《中俄两国跨境经济合作区框架协议》为例，双方确立了优惠对等原则并在此基础上形成双边税收优惠协议，地方政府之间共同制定《跨境经济合作区服务管理备忘录》，设置合作区权力主体、行政管理主体和社会服务主体的权利、义务和责任，以及税收优惠政策实施的框架和程序。合作区优惠税收政策的实施框架应当包括如下几个方面：

（1）税收优惠政策的覆盖范围：仅限合作区的投资方、企业和供应商；

（2）税收征管创新优惠政策的引入：通过设置特别海关监管区、保税区、自贸区或自由贸易港等，保障合作区税收优惠政策得到毗邻地区的落实；

（3）税收优惠政策的适用条件：涉及投资额、行业，以及企业持续经营年限等；

（4）税收优惠政策的稳定性与排除适用的限制；

（5）税收优惠政策的期限和延续条件；

（6）税收优惠政策应该经过合作区参与国立法机关的正式立法确认；

（7）优化营商环境的税务争议解决机制，提升税务争议的解决效率和可执行性，提高税收优惠的确定性。

三　跨境经济合作区大数据应用的征管数字化与纳税遵从

2019 年 4 月，“一带一路”沿线 34 个国家和地区的税务部门联合签署《“一带一路”税收征管合作机制谅解备忘录》[②]，标志着“一带一路”税收征管合作机制正式成立，为跨境经济合作区

① 李晨阳：《跨境经济合作区建设：以中缅的瑞丽—木姐为例》，《世界知识》2015 年第 14 期。

② 新华社：《“一带一路”税收征管合作机制在我国宣告成立》，2019 年 9 月 20 日，http://www.xinhuanet.com/fortune/2019-04/18/c_1124386177.htm。

的征管数字化和纳税遵从提供了制度前提。

（1）合作区内企业的属地管理。通过多平台的数据接入权限，合作区税务机构能够实时监控产品成本、仓储、归类、贸易价格、原产地、物流、劳动力等信息，从而实现对区内企业的纳税遵从进行动态监控，适时调整征管优惠政策。

（2）基于数字终端的自助申报系统。通过企业信用、产品溯源地、法律与政策检索、通关流程、物流配送等数据系统的对接，实现纳税人通过数字终端自助完成纳税申报和完成缴税等全部纳税流程。

（3）智能化的自动审放系统。跨境经济合作区建立之后，人员和物资的频繁进出境将成为常态，智能化的自动审放系统是通关效率的关键。税务、公安、工商、银行、支付平台、物流、海关、司法，企业 ERP 等机构数据平台的有效连接，通过对相关文件信息的智能提取，与自助申报系统进行比对，最终实现系统的自动审放。

第七节 跨境经济合作区的海关合作治理

很多“一带一路”沿线国家和地区的海关手续烦琐，2014 年的出口清关平均周期为 22.89 天，进口清关的平均周期达到了 25.04 天。[①] 跨境经济合作区的物资、产品、资本和人员进出参与国毗邻地区，仍然需要通过该国海关有效的功能性合作，才能使得跨境经济合作区具有实际意义。

一 跨境海关合作的法律与政策框架

根据现有国际公约，跨境经济合作区参与各国海关直接根据其政府的授权，签署多边协议或备忘录，推进信息交换、案件协

① 毕马威“一带一路”工作组：《毕马威助力中国企业制胜“一带一路”》，2019 年 12 月 8 日，https://assets.kpmg/content/dam/kpmg/cn/pdf/zh/2018/11/kpmg-belt-and-road-case-study.pdf。

查、技术培训、便利通关、执法互助等领域的合作。

（1）推进合作区参与国家或地区全面加入《1975 年国际公路运输公约》（法语原文 Transports Internationaux Routiers，简称 TIR 公约），该公约旨在设置最简化而必要的海关管理手段和保证措施以尽可能便利国际贸易中海关加封货物的进出境，同时并不减损参与国海关关税收入。TIR 单证是国际保证证明，能够得到各参与国海关的承认，对于设立跨境经济合作区目的而言具有极为重要的意义。

（2）推进合作区参与国家或地区全面加入联合国《1972 年集装箱关务公约》（Customs Convention on Containers 1972），根据该公约集装箱可以通过暂时进口、临时加封等方式取得便利通关，跨境经济合作区内生产企业的原材料进入或产品输出将通过该套系统实现集装箱过境、转运、多式联运的便捷通关。

二　跨境海关合作的实施机制

（一）“认可经济营运商”互认

世界海关组织（WCO）180 个成员国家（地区）中已有 64 个国家（地区）接受“经认证的经营者”认证。“认可经济营运商”是由世界海关组织倡导，通过海关对信用记录、守法状况和安全手段评级较高的公司进行认证，授予其 AEO（Authorized Economic Operator）认证。跨境经济合作区内获得 AEO 认证的公司的产品出口到 AEO 互认的国家或地区时，能够以快捷方式通关。

（二）贸易法律与政策的透明性

世界贸易组织（WTO）和联合国贸易和发展会议（UNCTAD）认为，贸易便利化主要是指国际贸易流程简化并统一，包括国际贸易过程中进行商品流动所需的收集、提交、交换及处理数据有关的行为、惯例和手续。贸易便利化的核心在于简化和协调国际贸易制度和手续。2014 年 11 月底，世界贸易组织总理事会批准将《贸易便利化协议》正式纳入世贸规则体系，交由各成员履行国内核准程序。经国务院批准，我国于 2015 年 9 月 4 日向世贸组织提交批准书。跨境经济合作区参与国家（地区）应该及时公布其管制贸易的进出口程序、表格、单证、关税、税率、行政收费、价格评估方法、原产地认定等相关法律与政策。合作区参与国家（地区）应当允许区内企业就海关行为提起行政申诉或诉讼要求。

（三）企业合规培训与督导

跨境经济合作区行政事务执行委员会应当为区内公司提供培训与督导机制，鼓励和指导区内公司合规守法，全面提升海关合作监管的效率，防范区内海关合作监管风险的出现。合作区内公司应当结合监管政策完善自身的合规与内部控制体系，减少自身经营风险的同时更加有效利用监管规则获得发展。

三　多层次多领域的系统性合作

跨境经济合作区是全球贸易链走向复杂和深化的产物，任何一个国家的政府都无法独善于当今全球的贸易链之外。打击跨境偷逃税款、跨境金融犯罪、国际走私犯罪的同时，完全可以与促进贸易便利化所需的信息进行交换和共享，这既是边境有效管控的现实需要，也是跨境合作发展的目的所在，这就使得跨境之间的多层次多领域的系统性合作成为必然。

跨境经济合作区海关合作中应当进一步强化安全机制联合行动，针对走私毒品、垃圾、濒危野生动植物、军火等违法犯罪活动设置联合执法机制。在传统海关合作同时，也应强化海关智库交流、知识产权保护和海关技术培训，构建起参与各国（地区）政府与地方政府、海关总署与海关地方部门、海关与其他部门之间的协同调整，构建起适应跨境经济合作区所需的制度体系。

“智慧通关”将是未来多层次多领域系统性合作的重要方向：大数据应用、海关数据云计算、大数据接入权限共享、人工智能甄别和智慧服务等，以此建构“大数据＋智慧服务”的现代海关治理模式，实现监管政策标准化、数据分析智能化、监管调整实时性和监管遵从合作性。

第五章

跨境企业合作与联盟治理模式

第一节　企业跨境行为的增值升级模式分析

“一带一路”倡议推动的跨境经济合作区，将进一步推进整合东亚、东南亚、中亚和西亚地区的生产网络，随着这一亚洲生产及贸易体系的形成，将与北美、欧洲形成世界经济贸易新格局。[①]“一带一路”沿线地区可以形成多种项目目标的跨境企业合作。[②]

一　从资源获取型转变为产能合作型——纵向企业合作与联盟

纵向企业合作与联盟，是跨境经济合作区参与国家（或地区）之间纵向产业链的延伸，不同纵向梯度的企业之间在合作区实现区域合作与联盟，具体可以分为出口导向和进口导向两种类型。一国之出口导向就是另一国之进口导向，合作区使得两个纵向产业链的国家之间建立了产业集群化发展的过渡区域，在降低运输成本的同时，可以预期的是显著降低交易成本。

对于产业链上游的国家（或地区）而言，运输成本的降低使得矿产资源出口企业能够获取更多的利润份额，生产型企业将可能通过股权和技术合作，向产业链下游的国家（或地区）企业学

① 杨先明、田永晓：《“21世纪海上丝绸之路”愿景与亚洲生产网络的重塑》，《印度洋经济体研究》2015年第6期。

② 梁双陆：《边界效应与我国跨境经济合作区发展》，《天府新论》2015年第1期。

习，推进实现产业升级。

推进实现中国对外直接投资，从资源获取型转变为产能合作型。过去40余年的时间里，中国企业对外投资更多选择资源开采或矿产资源出口的资源获取模式。然而，随着中国经济持续发展，国内制造业的产能已经出现了过剩现象，客观上需要更加深入参与国际产业整合和扩大对外产业转移。纵向企业合作与联盟将带动中国对外产业转移的力度，增加我国对外整装设备和零部件材料的出口，是中国经济结构进一步国际化升级的可行性路线。

二　境内园区模式的跨境升级——横向企业合作与联盟

根据中国商务部2017年发布的数据，中国企业已经在“一带一路”沿线20个国家（或地区）建立境外经贸合作区56个。[①]海外单一国家境内产业园区实现了中国企业在海外的产业聚集效应，中国服装、纺织、化工、电子、机械、汽车等产业优势不仅与东道国的原材料和市场进行了有效连接，还与东道国的技术、加工、服务等进行了更加深入的结合。

横向企业合作与联盟对跨境经济合作区参与国家（或地区）的经济社会发展水平相对要求较高，工业化社会发展阶段较为落后的国家（或地区）虽然具有较强的合作需求，但是相关产业配套较难实现。工业化社会发展阶段较为落后的国家（或地区）往往伴随着基础设施的严重不足，以及部族对抗和地方割据，这些都将给横向合作带来严重的障碍。

三　“微笑曲线”理论及跨境经济合作区的功能

微笑曲线（Smile Curve）理论最初由宏碁电脑董事长施振荣[②]所提出，“微笑曲线”形象地展示出企业的附加价值主要在“研

① 和佳、冯英达：《累计投资185.5亿美元为东道国创造17.7万就业岗位》，《21世纪经济报道》2017年2月20日第4版。

② 维基百科：“微笑曲线”，2019年3月20日，https：//zh.wikipedia.org/wiki/微笑曲线。

发（专利与技术）”和“行销（品牌与服务）”两个环节，而组装与制造的附加价值最低。企业提高价值链份额的重点在于向“研发”或“行销”两个方向拓展（见图5－1）。

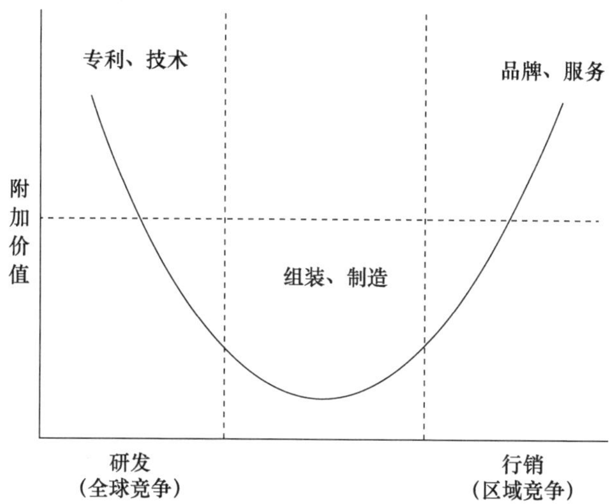

图5－1　微笑曲线示意图①

就全球价值链而言，在跨国公司进行全球产业整合的进程中，发展中国家的土地和劳动力价格相对低廉，只能提供附加价值较低的零配件生产或装配业务。西方跨国公司则凭借其科技和资本优势控制了产品研发的专利与技术和市场行销的品牌与服务。导致的结果是发展中国家的承包企业同质化现象严重，不仅缺乏创新，而且处于随时可替代状态。西方国家则通过垄断高端技术装备、高端技术标准和知识产权，控制了国际产业体系的核心——定价权。

德鲁克认为，“当今企业之间的竞争，不是产品之间的竞争，而是商业模式之间的竞争”。商业模式在本质上可以理解为一个价值链的传导关系，即价值的创造、价值的传递和价值的实现。跨

① 维基百科图片：“微笑曲线示意图”，2019年3月20日，https：//zh. wikipedia. org/wiki/File：Smiling_ Curve_ in_ Chinese. svg。

境经济合作区构建了新的区域性商业生态系统，既包括纵向的企业合作联盟推进资源获取型转向产能合作型，也包括横向的境内园区模式跨境拓展，使得产品附加价值的创造和分享模式得以重构。跨境经济合作区，企业、客户和多元利益攸关方可以相互参与价值创造、价值传递和价值实现，帮助企业获得更多利润（见图5－2）。

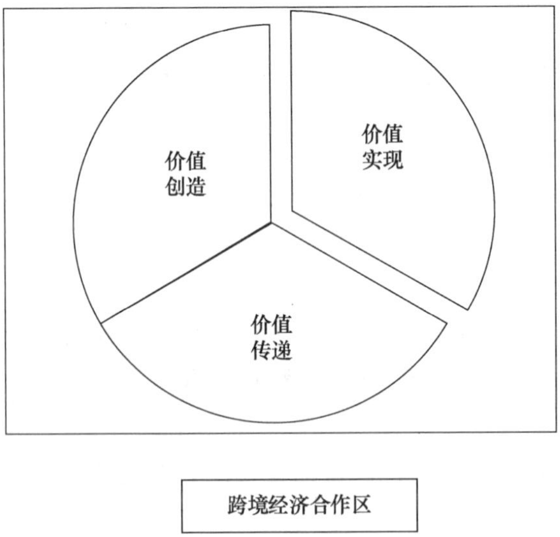

图5－2　跨境经济合作区价值链

价值创造。跨境经济合作区的建立，促进了不同产业环节之间工业化和信息化程度的融合，将量产制造的高效率与地区资源禀赋有机整合，优化生产流程和组织模式，最大限度创造商业和社会价值。

价值传递。跨境经济合作区突破了实体经济价值传递环节国境的空间制约，最大限度简化了跨境经济合作的中间环节，建构了跨境人员、物资、信息和资本的互联互通，节约交易费用，增加交易机会。

价值实现。跨境经济合作区使得外部业务从“单次博弈”升级为“多次博弈”，通过推进“一带一路”沿线国家（或地区）

的工业化进程，充分发掘“一带一路”沿线国家（或地区）的市场潜力，最大限度实现商业和社会价值。

由此，跨境经济合作区将使得“微笑曲线”不断趋向平衡，未来的跨国公司如果脱离于“一带一路”所推进的跨境经济合作，脱离了“一带一路”的市场潜力，很可能将丧失未来的发展机遇。

第二节 跨境经济合作的价值链与外包体系治理

20 世纪 90 年代以来，以中国为代表的发展中国家利用西方国家对外转移产业的契机，成为全球服装、纺织、玩具、成品鞋、家用电器和其他电子设备的“世界工厂”。尽管中国企业以惊人的生产能力供应全球相当部分人民的生活所需，然而西方国家的跨国公司控制了全球价值链中的“研究开发”和“市场营销”两个关键环节，处于谷底的中国企业在全球生产体系中能够获取的利润份额极为有限。持续的国际金融危机和贸易冲突，使得以中国为代表的发展中国家企业面临严峻的生存压力。越南、马来西亚、孟加拉国、缅甸、印度尼西亚、墨西哥等广大发展中国家很可能将重蹈发展路径被锁定在低成本、高污染、高耗能和低收益的老路，在这一背景下，“一带一路”所倡议的跨境经济合作区如何重塑全球价值链和合理治理外包体系就显得尤为重要。①

一 企业外包的价值链格局与跨境经济合作的政策取向

企业是跨境经济合作区的主要市场主体，而企业外包则是合作区内企业合作与联盟的主要形态。企业外包，即订单加工（contract manufacturing）或加工外包（manufacturing outsourcing），

① 李丹：《全球价值链分工下的生产要素收入：理论创新与重构》，《经济学家》2017 年第 3 期。

是西方国家跨国公司经常采用的经营模式。跨国公司作为发包方通过分解企业内部生产制造环节，并将其发包给发展中国家制造企业，后者（承包方）根据发包方的技术标准、质量要求和知识产权等订单约定，进行组装、配置或生产等，优秀承包商还能有机会参与产品研发和市场分销等环节，但是终端制成品只能加贴发包方的品牌才能进入市场销售。企业外包，能够实现发包方节约生产成本、合理控制税负、降低市场风险等全球经营战略。微观意义上，全球价值链的格局取决于厂商的地理禀赋与资源要素，并由此形成国际贸易结构和分工体系。科技研发、技术水平、加工能力、基础设施、劳动力、矿产原材料等因素，通过企业外包实现了全球产业的整合，根据企业外包不同的发展层面，价值链格局大致可以有如下的划分：

（1）简单加工，包括来料加工、来样加工、来件装配和中小型补偿贸易，不能制造完整产品，是企业外包的初级形态。

（2）制造完整产品，即原装设备组装（OEM，Original Equipment Manufacturing），顾名思义，发包方并不直接进行生产，而是根据市场行情把订单委托其他企业代加工。发包方可以节约采购土地、自建工厂、设备折旧等固定资产支出，从而集中资源用于科技研发和产品创新。承包方将逐渐形成成品业务的经营优势，学习发包方的资本运营、管理能力和市场经验。

（3）委托设计制造，包括原装设计制造（ODM，Original Design Manufacturing）和电子专业制造服务（中文表述亦称电子代工服务。英文表述 EMS，Electronic Manufacturing Services；或者 ECM，Electronic Contract Manufacturing）。原装设计制造，是指承包方根据发包方的订单承担产品研发任务，这里的原装设计制造商已经具备了较强的科技研发能力。电子专业制造服务代表性的如富士康，能够提供一揽子的知识与管理服务，不仅负责产品的原料采购、成品制造，还可以提供产品的存货管理、后勤运输，甚至是制成品的售后服务。发包商代表性的如苹果公司，仅仅控制核心软件等技术研发和市场营销渠道。

（4）自有品牌，即原产品牌制造（OBM，Orignal Brand Manufactuce），生产商拥有自主知识产权的制成品品牌，能够控制产品设计、原料采购、加工生产和市场营销的全部环节。对于原产品牌制造商而言，尽管可能获得制成品的全部附加价值，但是在现代全球经济体系之中能够建立自己的市场营销渠道是较为困难的。路虎、捷豹等汽车品牌转让给印度塔塔汽车集团，IBM、摩托罗拉等电子品牌转让给中国联想集团等，都是发展中国家 OBM 发展的代表案例。

近 20 年来，全球价值链整合的一个显著特征是自由贸易区等区域经济组织的活跃发展。成员国之间通过降低关税和便利通关等制度安排，推进区域内的贸易发展和产业整合。随着国际运输成本和国际通信成本的不断降低，很多发达国家和发展中国家都迫切希望进一步实现贸易自由化，鉴于自由贸易区相对较高的进入门槛，跨境经济合作区成为较为现实的次区域经济合作途径。在宏观上通过跨境经济合作，可以推进参与国企业的升级。

二　跨境经济合作区内企业间的相互学习

外包业务对企业相互学习的影响，主要有两种形式：其一，正式的知识产权转让；其二，非自觉的知识转移。① 在跨境经济合作区内，掌握技术研发优势、经验管理优势和市场营销优势的跨国公司仍然是企业行为的主角，发展中国家的企业仍然将长期处于学习阶段。跨境经济合作区将可能加速这一学习的过程，而发展中国家企业所具有的地方性知识也能为跨国公司所学习。合作区促进的相互学习更多通过非自觉的知识转移途径来进行，基于交易费用的节约，这是企业对于契约的替代。② 合作区内的企业合作与联盟，并不要求以知识产权转让作为内容，根据发包方

① Mats Forsgren, *Theories of the Multinational Firm: A Multidimensional Creature in the Global Economy*, Edward Elgar Pub, November 30, 2008, p. 91.

② ［美］罗纳德·哈里·科斯：《企业、市场与法律》，盛洪、陈郁等译校，上海三联书店 1990 年版，第 176 页。

的要求，承包方将获得发包方非自觉知识溢出的示范效应，承包方将得以提升自己的产品研发、制造装备、市场推广和营销售后等方面非知识产权的知识，而这些知识往往比单纯的知识产权还要重要。

随着承包商业务能力的提升和技术水平的提高，承包企业将更有可能进入原装设计制造（ODM）阶段，承包商将获得新的增长曲线，学习根据市场需求进行研发，根据市场需求调整生产，同时创新更多具有差异性的产品，从而使得“微笑曲线”逐渐趋向平衡。跨境经济合作区内互联网技术的广泛应用推进了高效集成管理，推进持续更新技术研发，优化存货系统和装备制造流程，推进实现规模经济和提升整体附加价值。

跨境经济合作区鼓励吸纳全球人才，推进区内企业高管人员的国际化，基层管理层和普通雇员本地化，由此逐渐培训本地人员的国际化视野、先进管理模式和先进技术掌握等，最终实现经济社会的全面发展。

三　跨境经济合作区的增值效果分析

生产任务的外包，可以使境外供应商扩大半加工产品、材料和零部件的贸易，中间投入的贸易可以成为主要适用于制造业公司跨界外包的可靠标准。尽管计算简单，覆盖了整个国民经济，但投入贸易的估量标准并不包括某些类型的生产外包，比如最后组装的外包。由于最后组装经常需要承担技术含量低的劳动密集型任务，这些任务会被外包给低薪水的国家。因此，在投入贸易估量标准中省略最后组装的外包，也许对于描述高工资发达国家的制造业跨境外包程度是至关重要的，许多国内制造商已将最后组装转移到境外，并专门用于生产先进的零部件和组件。

随着中间投入贸易的扩大，贸易统计数字逐渐膨胀，因为在进入生产的最后阶段之前，对跨国投入进行了多次重复计算。投入的交易沿着像蛇一样长的价值链，每次进出不同国家的领土时都被计入国际贸易，这种表达被用来描述全球价值链的拓扑结构。[①] 当独立的最终产品的所有生产过程都包含在国家边界内时，这种投入贸易就不能归类为国际贸易。与最终产品相比，投入贸易的加速增长符合预期；关税率的某一特定变化只对最终产品产生一次影响，但在国际碎片化生产过程中，每次投入跨越国界时都会对投入产生影响。这种与全球价值链分割有关的重复计算引起了一个问题，即报告货物在国家边界流动的传统贸易统计数字不再是每个国家开展的经济活动的可靠指数。例如，尽管中国对美国有巨大的贸易顺差，但如果用取消投入贸易的增加值来衡量，中美之间的双边贸易不平衡可以减少 30%—40%。[②]

增值贸易，缩写为 TIVA，用于分析具有强烈投入贸易网络的全球经济。这一标准着眼于贸易的增值部分，而不是国家边境的货物总流量。与投入贸易或全球供应链相比，增值贸易的概念包含了范围更广的活动，因为前者包括生产前和生产后活动（如研发和分销）。可以评估跨越国界的增值过程，也称作全球价值链（GVC）。作为市场清算条件下的一种会计关系，一个国家每个部门生产的总产出应作为最终消费的最终产品或作为原料投入其他部门进行进一步加工而被吸收。

跨境外包导致任务贸易，特别是当企业将服务任务外包给离岸供应商时，服务是跨越国界进行交易的，在海关没有任何国际货物贸易。在一个典型的案例中，工人居住在他们自己的国家，为离岸外包商执行任务。与移民或外国工人不同，人们不跨越国界执行外包任务。在讨论跨境外包的规模时，“贸易任务内容”可能是一个有用的措施。可以把贸易的任务内容理解为“贸易要素内容”概念的自然延伸。在计算贸易要素含量时，

---

① Marcel P. Timmer, Abdul Azeez Erumban, Bart Los, Robert Stehrer, Gaaitzen J. de Vries, “Slicing Up Global Value Chains”, *Journal of Economic Perspectives*, Vol. 28, No. 2, Spring 2014, pp. 99 - 118.

② Lawrence J. Lau, *The China-U. S. Trade War and Future Economic Relations*, The Chinese University of Hong Kong Press, December 18, 2018, p. 21.

把商品贸易看作是体现在商品生产中的要素服务的间接贸易。土地和机器通常只用于一个目的，至少在短期内是这样，但是许多职业的工人从事多种工作。例如，一个受雇于钢铁生产厂的机械工人可能大部分时间都在操作一台机器，但偶尔会和他的经理讨论机器的故障排除。机械制造的钢铁产品包含了各种各样的任务内容。因此，通过对贸易劳动内容的进一步分解，可以计算出任务内容。

第三节　跨境机械部件贸易的治理特征

来自美国和欧盟的部件贸易数据已经在国外外包的背景下得到了分析，以往的研究使用跨境外包的替代方法，即从出口半成品后再进口在海外加工的制成品时，可以享受优惠关税豁免。此替代方法的限制是，在海外完成的外包活动不包括在内，除非最终产品在特别关税减免下进口回来。传统上，贸易数据只是来自海关进出口报关记录。不过，联合国建议，进出口应根据所有权的变化，记入国际收支统计数字。这意味着，即使货物跨越国界，某些跨国行为也不应被视为国际贸易。①

在传统贸易中，当出口商向进口商出售货物时，货物的所有权从出口商转移到进口商。此种交易自然归类为进出口交易。然而，一些外包商在保留原材料所有权的同时，将原材料出口到国外进行进一步加工。他们继续拥有受加工后再进口条件限制的质量控制材料。这种类型的跨界外包长期以来在纺织品/服装行业中十分常见。根据这种外包安排，发达国家专门从事资本密集型的上游活动，发展中国家从事劳动密集型的下游活动。

① I. N. Sycheva, N. M. Miheeva, A. N. Dunets, N. E. Ivanova, V. N. Nemtsev, R. B. Gabdulkhakov, "Organizational and Economic Forms of Cross-Border Cooperation of a Region", *International Journal of Civil Engineering and Technology* (*IJCIET*), Volume 10, Issue 2, Feb 1, 2019, pp. 1395 - 1407.

典型的例子是墨西哥的加工厂从美国进口纺织品，然后再出口到美国。这种类型的国际贸易不应算作进出口，因为它不会引起所有权的改变。

美国的离岸装配计划（离岸外包组装项目）和欧盟的进出口加工贸易长期以来一直要求收集进口投入的数据，与国内投入区分开。为了促进利用国外廉价劳动力的进口贸易，美国和欧盟等发达国家根据再进口商品的离岸附加值而不是总价值征收关税。为了对以再进口为条件的增值产品免征关税，政府需要收集有别于正常进口产品的再进口数据，贸易商亦须另行申报有关数据。然而，直至最近修订国际收支平衡统计数字的分类后，加工贸易数据才公开披露。

修订后的《国际收支协定》已将服务贸易中加工服务的费用包括在内。在修订分类前，加工材料的出口及加工后的货物再进口均记录为货物贸易，但没有服务贸易记录。经修订的类别划分记录了服务贸易中加工服务的费用。统计数字的这一变化使对与外包安排有关的可见的跨境货物流动的跨境外包的衡量更加明确。

根据修订后的国际收支平衡统计分类，日本的加工贸易（定义为“以他人所有的实物投入为基础的制造服务”）多年来已显著扩展。在过去 20 年中，日本从国外的制造服务净进口额增加了一倍以上，从 1996 年的 2. 84 亿日元增加到 2016 年的 5. 226 亿日元。主要的供应商都是亚洲的周边经济体，即中国大陆、中国台湾地区、中国香港特区和东盟。2016 年，亚洲占日本制造业服务总进口净额的 90% 以上。

由于海关管理的主要目的是追踪跨越国界的货物，所有跨界货物流动在进出国境时都应记入贸易统计数字。在这种情况下，贸易的保险范围不应该取决于贸易货物的所有权是否发生变化。国际收支平衡统计数字可视为修订前传统贸易统计数字后的声明，但改革后的国际收支平衡统计数字则集中于更紧密地反映复杂的跨境外判运作的经济实况。

第四节 跨境无要素生产商的治理特征

由于与生产有关的活动涉及非技术工人从事的工作，非技术劳动密集型部门的制造公司有动力优先将这些活动外包出去。由于这种外包，这些公司对生产的依赖程度降低了。在一个极端的情况下，公司可能将所有的生产外包给独立的供应商。苹果和耐克就是生产完全外包的成功例子。这些生产者是无工厂的，这意味着他们本身不从事生产或制造（将材料转化为产品），而是被视为商品生产者。由于这些公司将所有的生产任务外包，在传统的分类中，这些公司没有被归类为制造商，在最近关于定量产品定位的讨论中，这些公司也没有被归类为综合制造商。然而，在外包时代，如果不采用这种金融政策措施，就可能会导致严重低估国民经济中开展的生产活动，尽管一个国家的净贸易或总增值将不受影响。①

虽然它们本身不生产货物，并且被划分为非制造业，但是它们控制生产，包括安排生产货物所需的资本、劳动力和物质投入（不一定在它们自己的工厂或设施中）、拥有知识产权或设计货物的权利以及出售货物。生产控制包括控制生产数量和产品质量，并对产品大小进行具体规定。通过执行所有这些步骤，这些公司行使对这些商品的所有权，并根据自己的知识产权以自己的品牌销售这些商品。他们承担未完成销售订单的中间商的风险，并从成功销售的产品中获得回报。

相反，制造服务提供者，例如电子工业中的EMS公司，往往在外包商的指导下在其工厂进行生产活动（将材料转化为产品，

① Antonio Coppola, Matteo Maggiori, Brent Neiman, Jesse Schreger, Redrawing the Map of Global Capital Flows: The Role of Cross-Border Financing and Tax Havens, BFI Working Paper Sep 30, 2019, https://faculty.chicagobooth.edu/brent.neiman/research/CMNS.pdf, last visited on Dec 8, 2019.

在某些情况下甚至转化为最终产品)，但通常不自己出售货物，因此不直接承担企业风险。消费者通常认为定额生产商（FGPS）而不是合同制造商是其品牌产品的“生产商”；生产商的分类并不取决于公司是否拥有生产材料，或实际将投入转化为最终产品。关键要素应该是最终产品的所有权或控制权（不一定是物理占有），而不是投入（加工材料）。

因此，外部采购（FGPS）采用外包的极端形式，即所有生产任务都外包；但是，较温和的形式可能更为普遍，因为公司将一部分生产活动外包出去，同时保留一部分内部生产活动。在许多国家采用的工业分类中，多产品公司根据产出、收入或就业在企业总量中所占的份额被分配到一个行业。如果一家公司的生产份额减少了，那么这家以前被贴上制造商标签的公司就失去了其标签。这意味着外包的蔓延，特别是将生产任务外包到发展中国家，影响到工业统计中被归类为制造商的公司数目。这种影响可能是微不足道的，但是一个国家的总增值或净国际贸易价值不会因为将外贸全球化改为制造业而改变。

第五节　跨境企业内部要素流转的治理特征

从严格意义上讲，外包发生在独立的公司之间，但跨境外包发生在海外子公司和其母跨国公司之间。由于它们是独立的法律实体，包括从自己的子公司采购作为外包的一部分，从而追踪广义的外包。然而，国际经济学通常将“企业内贸易”定义为一对企业之间的贸易。因此，企业内部贸易发生在具有所有权关系的同一企业集团内部，但不完全发生在同一企业集团内部。在美国，人口统计局在海关记录的贸易中分离出了关联方贸易，而经济分析局（BEA）追踪外国直接投资数据和公司内部贸易。由于这些统计数据规定了法律报告义务，所以这种公司内部贸易数据应当是全面和可靠的。尽管如此，还是有一些值得注意的问题。一方面，关于企业内部贸易的差异，通过两种统计数据来衡量，并强调了从合同制造商进口的外包商品可能包括在关联方贸易中。另一方面，利用经济分析局的数据，公司内部贸易集中在数量有限的几对大型子公司及其大型母跨国公司；他们还发现，中等子公司的公司内部贸易为零并且公司内部贸易有限，这表明跨所有权界限的外包相对活跃。

公司内部贸易在美日贸易中所占的份额非常高，公司没有法律义务报告它们在海外拥有的所有子公司。如果将公司内贸易价值除以从贸易统计中得出的贸易总额，那么由于覆盖范围不够，计算出的比率不可避免地会低于真正的公司内贸易比率。

在衡量公司内部贸易，特别是服务贸易方面，一些困难的问题仍然没有解决。其中，最关键的问题是如何把握很多跨国子公司共享带来的投入贡献。在货物贸易方面，海关办事处在国家边界追踪贸易货物的价值，这保证了贸易数据的可靠性，除非企业参与严格的转移定价策略。然而，在公司内部的服务贸易中，跨国界服务贸易价值的计量引起了严重的计量问题，即使公司没有管理它们向统计机构提交的报告。例如，全球性公司，尤其是总部位于高收入发达国家的公司，更多地依赖于自己的知识产权，包括专利或设计来增加利润。由于这些无形资产像经济学中的公共产品一样是无形的，而且往往是无损耗的，分布在世界各地不同国家的许多子公司共享这些无形资产，因此在确定这些无形资产的贡献时仍有酌处的余地。再加上逃税问题，这一议题对于跨境外包服务任务的数据收集活动仍然至关重要。

第六章

跨境经济合作区的投资保障治理

第一节　跨境经济合作区的投资风险分析

基于“一带一路”倡议项目中所涉及的投资规模角度分析，无论是国家还是投资者，其中最大的风险就是基础设施建设导致的财政风险，尤其针对已经存在巨额债务的国家更是如此。因此，对于融资条款必须要使其中的每一款内容都非常明确，不应存在混淆的条款甚至是字眼，相关条款清晰透明，易于理解，同时还要满足国际财政标准框架的要求。对于基础设施建设项目来讲，其本身就存在相对较高的治理风险，尤其是针对在“一带一路”中所倡议的项目，由于这些项目投资规模普遍较大，因而其中存在的治理风险则要相对更高。在公共采购方面，也要保证所涉及的采购活动公开透明，这也是保证倡议项目顺利推进的重要环节。“一带一路”倡议对于地方人口、地区环境也同样会形成一定的影响，围绕项目建设有可能会出现乱砍滥伐、生态污染、环境退化等方面的问题，而这些负面问题的产生则是与贸易规模不断扩大、经济增速变快等有利影响共同存在的。因此，对于倡议项目的建设，各国政府应将其上升到战略高度，就怎样可以有效削弱负面影响有更进一步的思考，并深入探讨怎样能够减少对环境所形成的不利影响，从而使项目建设能够有条不紊地推进，同时与环境之间形成更为友好的关系。

一　“一带一路”沿线国家的主权信用风险

跨境经济合作区的顺利实施需要衡量沿线国家的主权信用风险，其中资本运作和项目落地风险是必要的考量因素。“一带一路”沿线国家或地区，工业化水平和经济发展程度具有较大的差异性，很多国家的主权信用为CCC—B级以下，且近年来其主权信用级别持续下行，存在较为严重的主权信用风险。[①] 中国联合信用评级有限公司2017年发布《“一带一路”沿线国家主权信用风险综述》，[②] 从政治环境、宏观经济、金融稳健性、财政实力和外部流动性五个维度，分析了“一带一路”沿线五个区域50个重点国家的主权信用风险。

东南亚和中东欧地区大部分国家经济社会发展稳健，财政赤字处于中低水平，公共债务处于适中状态，项目经常普遍盈余的同时拥有较高的外汇储备水平，具有较好的债务偿还能力，信用级别相对较高。但是乌克兰、缅甸、老挝、柬埔寨四个国家的信用水平较差。

南亚国家人口多，收入低，经济社会发展程度有限，存在较为严重的通货膨胀和宏观经济失衡问题，银行资产质量和政府偿还债务能力较差。除印度和孟加拉国的主权信用风险较低以外，巴基斯坦、斯里兰卡和尼泊尔都面临一定的主权信用风险。经济社会发展严重失衡的同时，该地区政治风险极大，政治、宗教、民族、种族冲突严重，跨境恐怖组织活动猖獗。

中东和北非是全球主要的石油天然气出产国，人均GDP水平高居“一带一路”沿线上游，然而该地区的资源依赖型经济特征明显，容易受到全球石油价格波动的影响，同时该地区存在较为

---

① 毛振华、阎衍、郭敏：《“一带一路”沿线国家主权信用风险报告》，经济日报出版社2015年版。采用国际通行的“四等十级制”评级等级，具体等级分为：AAA、AA、A、BBB、BB、B、CCC、CC、C、D。从国际惯例来看，通常把前四个等级定为“投资级”（即AAA—BBB），把后五个等级定为“投机级”（BB—C）。

② 中国联合信用评级有限公司：《“一带一路”沿线国家主权信用风险综述》，2017年5月15日发布，2019年10月7日，http://www.lianhecreditrating.com.cn。

严重的失业和金融体系不健全问题。

中亚及高加索地区，也是全球重要的石油天然气出产国，该地区政治经济政策容易受到俄罗斯的影响，与我国的进出口贸易关系较为密切。但是该地区通货膨胀问题严重，金融体系不健全。哈萨克斯坦主权信用评级达到A，是该地区主权信用最好的国家，是较为优质的跨境经济合作地区；蒙古国主权信用评级为B，该国债台高筑，存在严峻的财政赤字危机，是地区主权信用最差的国家。该地区其他国家主权信用级别分布在BBB至BB之间，属于跨境经济合作相对较为适宜地区。

需要特别强调的是，“一带一路”沿线部分国家或地区可能面临政权更迭风险，部分国家的中央政府实际控制范围有限，中央政府与地方割据政权或武装集团的冲突频发，地方割据政权或武装集团之间仍不时爆发冲突。一方面战争或武装冲突可能会摧毁基础设施，另一方面新政府也可能动辄对外国投资实施国有化。一些国家经常出现主权违约，尽管这些国家对单一国家的投资或贷款有着较强的机会主义违约倾向，但是一般不会直接违背联合国、世界银行、亚洲基础设施投资银行等多边机构的合约。以中缅“密松水电站”为例，根据相关合约，缅甸方面向中方应当支付的违约金至少有8亿美元，然而缅甸并不具有支付违约金和赔偿损失的支付能力。

二　跨境经济合作区参与国的财政管理风险

“一带一路”倡议项目关于全部债务的一份报告表明，“一带一路”倡议的投资项目可能会导致部分国家进一步加重偿债压力，从而使其债务脆弱性更加显著地暴露出来。在“一带一路”倡议项目尚未启动之时，已经存在一些具备“一带一路”项目建设资质的国家，但是随着其债务水平不断升高，这些国家在财政方面的收支，相较于2018年之前的财政收支状况存在明显差异。从“一带一路”投资的情况看，尽管倡议项目的建设可能会形成积极影响，但是这种影响仍然可能无法完全阻止债务状况的持续恶化。

根据国际复兴开发银行/世界银行研究“一带一路”沿线项目实施的数据，在走廊沿线中的各个经济体中，约1/3的经济体可能面临自身公共债务增加的风险。[①] 就财政状况、债务状况、预期增长等条目，对公共债务与债务脆弱性之间的关系实施评估，当项目实施至中期时将可能会爆发较大规模的公共债务危机，甚至会对整个走廊沿线经济体带来重创。导致这种情况出现的原因，是各个经济体需要在中期承担较高比例的融资，显然两者之间存在很大关联，不过从项目长期影响层面分析，这种影响在各国增长中一般不会完全显现出来。在对43个经济体展开深入研究后，发现其中存在债务脆弱性的经济体约有12个，而这种债务危机则很可能在项目建设中期显现出来。另外存在一些经济体，在“一带一路”倡议尚未启动之时就已经将债务脆弱性显现出来，其公共债务与公共担保债务将可能逐年攀升，可能在2023年前后，这些债务将预期超过其国内生产总值的一半（见图6－1、图6－2）。

三　跨境经济合作区对中国的金融体系风险

如果从抵押贷款的层面看，借款国将资产通过抵押担保的方式获得资金，其中抵押品的形式较多，如国有资产、出口商品、未来收入等。如果政府的资金来源渠道是以抵押担保的方式进行的，那么当政府面临债务压力时，无论是对于政府偿付还是对于政府对自身债务进行重组都必然会形成一定的负面影响，并可能会由此引发宏观风险，使政府财政陷入危机。对于其中的一些国家，其公共投资管理框架相对比较薄弱，如果能够获得短期资金，将有可能会使借款国对自身的融资能力有错误的评估，正面夸大自身的融资能力，并非是以国家整体发展战略为着眼点，这样在对项目进行排序时，所形成的优先顺序将不合理，尤其是针对大型基础设施开展建设，所需资金规模非常大，因而也可能导致政府陷入公共财政危机。“一带一路”跨境经济合作项目，潜在风险还表现为私人主体和境外

① 国际复兴开发银行/世界银行：《“一带一路”经济学：交通走廊的机遇与风险》（2019），世界银行集团出版，第100页。

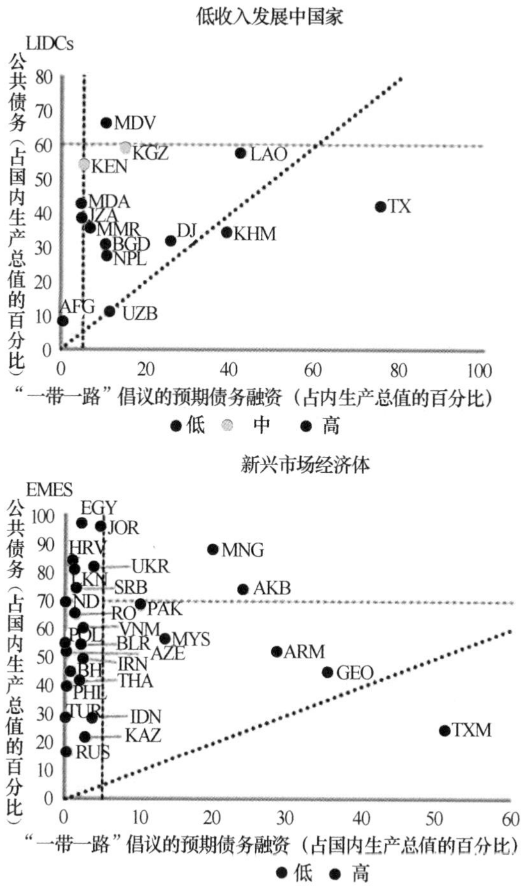

图6-1 公共债务和“一带一路”倡议的预期债务融资（占国内生产总值的百分比）

资料来源：世界环境组织，Wind 数据库，LIC DSF DSAs 和 MAC DSAs。

注释：假设（1）只有2016年至2018年期间确认的在建或者规划中“一带一路”倡议投资会产生额外的债务融资，（2）债务融资将占能源、电力和采矿领域投资成本的40%，交通和所有其他部分投资成本的80%。

主体进行出资的规模有限，这也使得中国若要拓展“一带一路”的建设，就必然要投入相对更多的资金，被迫成为主要出资人。首先，从主体的角度出发，所形成的决策具有明显的市场化色彩，投资时的目的非常明确，就是要对成本与收益进行比较和评估，谋求更高的投资回报。由于“一带一路”跨境经济合作中所涉及

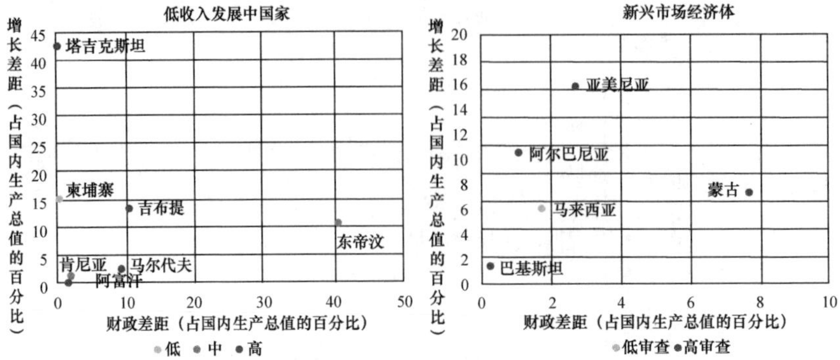

图6-2　2023年“一带一路”走廊沿线经济体前景预测
（占国内生产总值的百分比）

资料来源：世界环境组织，Wind数据库，MAC DSAs和LIC DSF DSAs。

的项目往往涉及基础设施建设，其投资收益方面是相对较低的，同时进行的是海外投资，在资金安全方面也很难完全得到保障。尽管中国政府始终努力推进PPP（公私合营）模式，但从私人主体的层面考虑，对此兴趣有限。其次，“一带一路”沿线国家或地区，很多是发展中国家或新兴国家，其经济发展水平并不高，甚至一些国家在财政方面本身已经捉襟见肘，让这样的国家投资“一带一路”项目显然会导致其政府财政雪上加霜，而这也是亚洲国家在基础设施建设方面相对比较落后的一个重要原因。可见，若私人主体、境外主体无法保障自身的资金投入，则中国将很可能成为主要出资方。从中国政府的角度出发，在向“一带一路”项目进行投资时，是以国家开发银行、亚洲投资银行、丝路基金等作为资金来源的主要途径。①

如今，中国拥有数额庞大的外汇储备，累计总额已经超过3.8万亿美元，但是外汇储备投资在收益率方面始终走低，如果“一带一路”跨境经济合作项目真正实施，将会使中国在外汇储备投资方面拥有更多的选择，同时还可以使外汇储备投资在收益率方面有一定的提升。与此同时，两个方面的风险是不容忽视的：其

① 马昀：《“一带一路”建设中的风险管控问题》，《政治经济学评论》2015年第4期。

一，“一带一路”投资回报率偏低，同时还面临着投资安全方面的隐患，这有可能会造成收益率下降；其二，人民币存在单边升值预期，同时央行对于账户资本的开放进一步加强，这些会使中国减持外汇储备，甚至出现外汇储备的快速跌落。因此，针对中国政府在“一带一路”跨境经济合作项目中到底能够投入多少外汇储备实质上仍然是无法确定的，所存在的疑问仍然很多。

四　跨境经济合作区参与国腐败的系统风险

腐败在项目投资运营中是比较常见的违规行为，尤其是在基础设施建设项目中更是如此，一些人会利用手中权力中饱私囊。参考清廉印象指数（Corruption Perception Index，CPI），在贿赂感知程度方面，建筑与公共工程相较于军工、油气等部门还要高出很多。其中，在交通项目中存在的腐败，其在交易的总成本中所占比例基本在5%—20%的区间内。同时，基础设施建设项目中集中存在腐败的现象，如项目招标、预算编制、抽取租金等，通过各种暗箱操作以获得运输许可、建筑合同、特许权等。行政腐败的问题比较普遍，在整个公共服务领域中都可能会出现，甚至其中一些比较公开的交易也存在这类腐败现象。如果从国家层面看，腐败行为如果出现在宏观层面，则会造成相对更加负面的影响。在跨境经济合作区建设运营中，最容易出现腐败的环节有两个，一是采购，二是合同管理。

通过最新的清廉印象指数评分能够发现，位于“一带一路”沿线的各个经济体，如果从腐败感知程度方面看，相较于全球平均水平要高很多，而在“一带一路”沿线低收入经济体中，其腐败感知程度则是最高的。对于一个国家或地区而言，腐败感知程度虽然相对偏低，但是其法治水平较低。对于这种情况，主要是由于司法能力偏低，针对腐败案件的侦破能力有限，虽然发现和侦查的腐败案件在数量上偏少，但是腐败的感知程度相对较高（见图6－3、图6－4）。[①]

---

① 国际复兴开发银行/世界银行：《“一带一路”经济学：交通走廊的机遇与风险》（2019），世界银行集团出版，第109页。

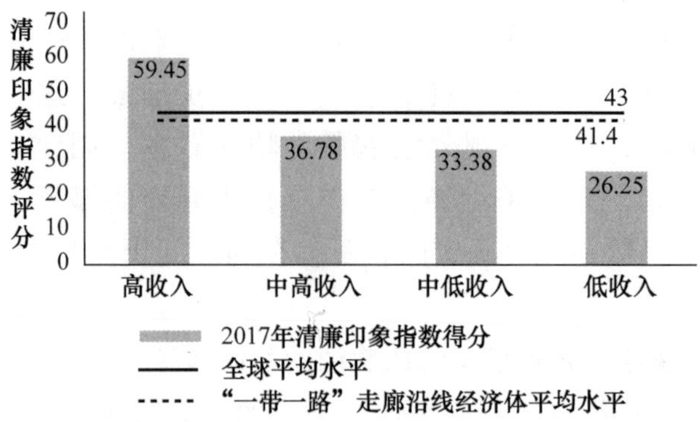

图6-3 2017年"一带一路"走廊沿线经济体的清廉印象指数（CPI）评分

资料来源：世界银行采用透明国际清廉印象指数数据分析所得。

注释：清廉印象指数的分数在0至100之间浮动，0分表示腐败感知程度高，100分表示腐败感知程度低。

五 跨境经济合作区的利益攸关者社区风险

"一带一路"跨境经济合作所涉及的国际基础设施投资，无论是高速公路，还是机场、港口，若要回收投资成本，往往通过服务收费的方式，投资回收周期较长，投资回报率普遍偏低。虽然中国被称为"基建狂魔"，长期积累的基础设施建设经验，使"中国基建"在全球都有良好的口碑。基础设施建设具有这样一些特征：其一，基础设施的属性是公共物品，其外部特征非常明显，不特定的社会利益攸关者都有机会享用，但是并不一定能够实现所有使用者都能付费。其二，如果能够投入使用则与之相关的周边附属产业也将实现增值，并且增值服务更为明显，进而使政府从中取得巨大收益，不但能够保证基础设施建设投资的成本收益，甚至还能够创造出更高的经济效益，即投资收益高于投资成本。[①] 但是在跨境经济合作项目中，则未必会一定实现基础设施建设的

① Thomas Thalerab, Meike Levin-Keitelc, "Multi-Level Stakeholder Engagement in Flood Risk Management-A Question of Roles and Power: Lessons from England", *Environmental Science & Policy*, Volume 55, Part 2, January 2016, pp. 292 - 301.

积极性特征。以中国在巴基斯坦境内规划建设的铁路线路为例，如果铁路两侧5公里范围内土地30年的使用权和收益权均归中国所有，巴方可能不会贸然同意，即便同意，那是否会导致民族情绪的产生也是未知数，或者在巴方政权易手后，是否仍然遵守原来的协议也并不确定。从中不难看出，对于“一带一路”跨境经济合作项目的建设，必须要引入新思维，尤其要依托于金融创新，用以更好地解决投资收益和社会利益攸关者问题。

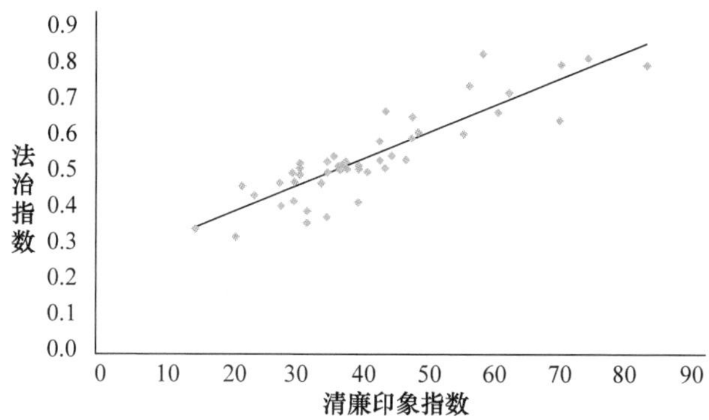

图6－4　2017年50个“一带一路”走廊沿线经济体清廉印象指数与法治指数的关系

资料来源：世界银行采用透明国际清廉印象指数数据和世界司法项目的法治数据分析所得（2018）。

某些国际势力不遗余力公然宣扬“中国威胁论”，煽动一些国家抵制“一带一路”倡议和中国投资。很多国际经验都已经证明，在一些海外投资项目中，尽管投资来源国向东道国注入了大量资金以开展项目建设，但东道国可能并不会对此心怀感激，反而会有更多的猜忌和疑虑。对此，中国必须要有充足的准备并予以高度重视。比如，部分人认为中国所提出的“一带一路”倡议，实质上就是“马歇尔计划”的翻版，但这种比喻显然并不客观。首先，“马歇尔计划”在实施方面尤其特定的历史背景，是美苏争霸的产物，意识形态色彩鲜明而突出；其次，在“马歇尔计划”实施时，美国在各个领域都堪称全球霸主，拥有绝对的主导地位。

所以，如果将“一带一路”倡议等同于“马歇尔计划”显然与实际是不符的，更重要的是这种基调将使中国政府在实施倡议时陷入不利的被动局面。与之相类似，如果说“一带一路”中所提出的倡议，被视为是中国将自身的过剩产能对外输出，这也并非恰当，同时这也极易造成东道国对中国形成反感甚至仇视。推进“一带一路”跨境经济合作倡议，其中不仅包括经济、军事等硬实力，同时还有软实力的展现，如制度、文化、价值观等。所以，要使周边国家减少对中国崛起的疑虑，如果只是通过所谓的“投钱”，也许并不能够收获理想的效果。作为正在崛起中的中国，必须要将自身的成功经验与周边国家一同分享，使之能够在经济方面也呈现出快速增长的态势，甚至可以向周边国家提供协助，使周边国家中存在的经济社会问题能够得到妥善解决，注重与周边国家在文化、价值观等方面的对话和交流。相较于霸权理论而言，中国传统文化所主张的是天下主义情怀，这对于一些国家所具有的吸引力是很强的，因而加强文化与价值观的输出也是必须要考虑的一个问题。

六　跨境经济合作区的环境和文化遗产风险

“一带一路”倡议的跨境经济合作项目，可能在一定程度上带来环境负面影响。潜在的跨境经济合作区很多位于生态环境较为脆弱的地区。在哈萨克斯坦、柬埔寨、孟加拉等国家或地区，边境地区森林采伐过度现象十分严重，天然林被人工大肆砍伐，至今已所剩无几，生物多样性也受到巨大的影响。开发地区项目的建设往往会遭遇巨大的风险，虽然公路建设以后，在一定程度上降低了交通成本，但与此同时，人们也承担着巨大的树木采伐代价。在过去的15年里，俄罗斯—蒙古—中国经济走廊与中国—中南半岛经济走廊均面临着严重的森林采伐问题。铁路或公路对生物多样性、动物的迁徙、生存与竞争均存在巨大影响。铁路与公路沿线的噪声、光线、污染和风力的变化十分微妙，促进了很多繁殖力强、更具韧性且非本地物种的发展，加快了这些物种对边缘力度的适应程度。以杂草等植物为例，其边缘效应较强，大多可以辐射周边1500米左右的范围，这些非本地物种的大肆生长，抢夺了本土植物生长所需的阳光雨露，对生态平衡而言是较为不利的。[①] 例如：在两个拟议公路项目的下坡处，缅甸大约有2500万居民极易受洪水与泥沙淤积等自然灾害的影响。此外，为了充分满足各大城市的交通需求，"一带一路"跨境经济合作增大跨境交通流量，但这样一来，势必会因尾气排放量的加大而加剧噪声与空气污染。但与航空运输及公路运输相比，电气化铁路的修建，能够在一定程度上降低当地温室气体排放量，起到减少噪声污染与空气污染的作用。近几年来，随着人们环保意识的增强以及各国环境保护政策的颁布，各国森林采伐问题已得到了有效的缓解与改善。以铁路运输取代原有的运输路线，降低国内的污染程度，利用一切有利的手段来保护赖以生存的环境。[②]

在泰国、俄罗斯等原始森林及特殊风貌保护措施较为全面的地区，短期之内，不会对铁路项目以及"一带一路"公路项目的实施产生影响，但由于对自然资源开发程度较低，往往需支付较高的项目成本。从长期的角度来看，这些尚未开发的景观具有完善的生态系统功能，若生态系统功能有所退化，那么势必会引发一系列的危害。

联合国教科文组织认为文化遗产主要包括以下几种类型，即文化景观类、遗址类、文物类与建筑群类。据统计，目前全球文化遗产共计400余项，文化遗产占总数的50%以上，侧面体现出50%以上的文化遗产在景观结合与建筑样式方面有着难以代替的价值。文化景观类、文物类与遗址类分别占10%、10%与30%，遗址类和建筑群类则占文化遗产总数的80%。遗产地区小环境及生态环境的变化，对文化遗产存在巨大的影响，轻则会造成文化遗产的损毁，严

① 胡敏、张帆：《英格兰遗产风险评估制度及其启示》，《国际城市规划》2016年第3期。

② Rosita Dellios, R. James Ferguson, "The Human Security Dimension of China's Belt and Road Initiative", *Journal of Management and Sustainability*, Vol. 7, No. 3, 2017, p. 48.

重的甚至会导致其走向毁灭。通过对河西走廊—塔里木盆地绿洲演化及相关问题的研究[①]可以发现，当地气候环境的变化历史上在一定程度上影响丝绸之路的兴衰与古城废弃等，气候信息、历史文献和相关考古资料均有如下记录：塔里木盆地沙漠逐步向南扩大，在此情况下，绿洲也不断迁移，导致风沙掩埋了很多汉代遗留下的古城。柬埔寨吴哥窟也是因为当地地基形变，造成石质建筑结构大幅度地失去稳定性，加之保护、维稳手段的缺失，导致世界文化遗产之一的吴哥窟建筑坍塌现象极为严重。同时，由于当地旅游业的快速发展，导致吴哥窟遗址附近增加了很多道路及住房，过度采伐树木、偷猎与旅游等行为，均会破坏文化遗产。这些都是跨境经济合作项目需要考虑的风险因素。

第二节　跨境经济合作区投资保障的框架倡议

一　跨境投资权益保护的国际法框架

“一带一路”沿线国家签订的投资条约高达2000项，其中，投资协定及特惠贸易、避免双重征税条约分别为200项、1600项。但很多经济落后的国家，虽然拥有全球输入，外国直接投资存量不足1%，但所签订的双边投资条约却在400项以上，投资协定和特惠贸易共40项，避免双重征税则在200项左右。[②] 历经多年的发展与演变，截止到目前，国际投资规则已成为一个极为复杂的体系，内含数千项协议，目的是保障各个国家的利益与合法权益。虽然国际投资规则的内容日益丰富，且体系规模也随着时间的推移不断扩大，仍然能发现的显著性问题具体如下：

（1）普遍性。“一带一路”沿线的国家或地区至少已签订一项双边投资条约，希望能够提供更高层次的透明度、可预见性、稳定性与保护性，进而吸引更多的投资者。

① ［美］狄·约翰、王笑然主编：《气候改变历史》，王笑然译，金城出版社2014年版。

② 吴涧生：《“一带一路”战略的几个问题思考》，《中国发展观察》2015年第6期。

（2）结构的分散性。如前所述，国家投资协议体系十分复杂，内含数千项协议，这些协议由于结构较为分散，所以长期以来，始终缺乏系统且长效的协调手段。在进出口贸易活动中，不同的国家为了保障自身的利益与合法权益，会与合作的国家签订投资条约，过多的投资条约反而使得国际投资协议体系并未充分发挥出自身的作用。

（3）国际投资协议体系的多层次特征。现阶段，国际投资协议具有多层次、多边等特征，但不同层次的协议极易出现重叠情况。鉴于此，为了避免这一现象的出现，相关国家应结合自身的实际情况来创设不同层次的投资协议，包括环境保护、劳资问题、知识产权、服务贸易、货物贸易、专门处理投资事务等规则。国际投资规则的制定，对投资的运作可能会产生不同程度的影响。因此，东道国应针对投资问题来签订投资协议。当地政府部门也应出台相关投资政策，用以扶持进出口贸易产业的发展。

（4）各国对国际投资协议的内容具有较高的共识性，与投资保护及待遇相关的协议条款较为容易达成一致，如：给予确立投资国家或地区自由转让权、征用补偿、公平待遇以及国民待遇，采取公正、合法的手段来解决投资相关者之间的矛盾等。实际上，仅有少数协议才会有关于禁止业绩要求、最惠国待遇与国民待遇等条款，但是上述各类条款的落实情况也并未达到预期水平。

（5）国际投资协议体系具有创新性与动态性特征。具有代表性的例子有：一些国际投资协议规定，应对“间接征用”“公正和公平待遇”等实质性条约进行整改与修订。但随着各国合作的深入，以及贸易产业的快速发展，这类国际投资协议内容也有了明显的增加。不仅如此，有些双边投资条约当中，反复提及了外国投资公共政策等问题，如：审慎金融服务措施、文化多样性、尊重核心劳动权利、保护生态环境、维护国家的公共秩序与安全等。有些国家为了节省司法资源、提高投资的透明度，结合项目的运作情况，对解决缔约国与东道国争端的方式与流程进行了调整与改革，采取有效的方式来解决利益相关者之间的矛盾，平衡其关系，为获得更多的经济效益提供有利条件。

二 现有跨境投资保护国际法框架的不足之处

南非、印度、中国和巴西等近几年来国际市场上的新兴经济体已经成为进出口贸易活动当中不可缺少的投资输出国。侧面体现出全球化进程已进入一个新的阶段，发展中国家逐步摆脱贫困，在跨国经济交易活动中，成为不可缺少的合作对象，对促进该国社会、文化及经济的发展有着不可代替的重要作用。在过去，发展中国家在国际进出口贸易活动中始终扮演着资本输入国的身份，这些投资最终流入同一区域内的其他发展中国家。随着时间的推移以及国际市场竞争的加剧，发展中国家的身份也不断变化，对其在市场上的谈判地位产生了不同程度的影响。新兴市场成为国际市场上不可缺少的重要资金来源，所以在投资过程中，国际规则往往会给予其大力支持，在跨国经济合作中，东道国的政策也会向其大幅度倾斜。经济全球化的推进分化了持有不同国际投资法观点的发展中国家与发达国家，在此背景下，有些发展中国家为了脱贫致富，吸引更多境外国家的投资而勉强遵循国际市场上统一的投资准则，并希望国际投资协议能够有效保护它们的利益，规避项目运行过程中可能会遭遇的风险。但实际上，地区以及文化上的差异，导致各国对保护协议中的内容产生了巨大的分歧，这也是投资活动中出现争议的根本原因。

随着全球化进程的推进，中国在国际贸易市场上的地位也有所变化，迄今为止，我国已与全球范围内 132 个国家签订了双边投资保护协定，用以保护跨境经济合作项目中双方的利益与合法权益。目前有一部分投资保护协定基本上都是在中国改革开放阶段签订的，在那时，中国由于经济落后，社会发展水平低下，充当的大多为东道国的角色。而在改革开放初期，国际投资保护协定中的内容大多向东道国的角度倾斜，所以对境外投资国家益处不大。国际上具有代表性的案例有：1993 年，中国与东道国阿联酋签订了双边投资保护协定，依据规定中的内容，中国投资者只能将双方同意或与赔偿金额相关的争议提交国际仲裁，其他争议则要在阿联酋当地申诉，无法确保投资人的合法权益。南非发展共同体签订的投资多边协定和金融投资协定中，境外投资者应在当地司法救济无效的情况下，方能将投资活动中产生的争议提交国际仲裁，对境外投资者来说，这种争议解决机制，既浪费时间又无法保证裁决结果的公正性。鉴于此，在“一带一路”的背景之下，中国跨境投资所签订的投资保护协定，并不能充分满足双方投资合作的现实需求。应基于国际竞争的大背景，对我国国际投资保护协定的具体内容进行更新与调整，充分保证投资双方的利益与合法权益，在适应时代发展需求的基础上，获得更大的经济效益，促进国家繁荣昌盛。

现阶段，世界上大多数国际投资协议在解决争议或仲裁阶段只能起到间接的促进作用，这说明给予利益相关者投资保护是吸引境外投资的重要举措。在某些情况下，国际投资协议的签订有很大概率会限制东道国开展一些具有促进投资作用的活动，如给予境外投资者一些物质或政策上的奖励等。签订国际投资协议的最终目的是确立投资双方在合作过程中所应履行的消极义务，体现为在协议签订以后，缔约国基本上不会做出损害投资利益的行为。在未经提前说明的情况下，国际投资协议基本上很少有关于缔约国承担行为义务的要求。而积极促进技术转让、给予财政奖励、促进投资活动的发展则属于例外现象，国际投资协议当中并未设定这一内容。

国际投资协议应当明确载明境外投资者所享有的权利，但对于其应承担的义务却并未作特殊性或强制性的要求。也就是说，东道国在与境外投资者建立合作以后，仍然沿用本国法律对投资活动进行管理，对境外投资者应履行的义务并未做出特殊规定。近些年，虽然发展中国家在国际投资协定中为境外投资人义务要求等方面做出了很多妥协，但却始终并未实现这一愿望。在此背景下，境外投资者怎样才能在确保自身利益的情况下为东道国的发展贡献力量，仍然是困扰世界范围内大部分发展中国家的重要问题。

国际投资协议中的各项条款基本上都是趋于保护性的，对投资的监督与管理较为宽泛。换而言之，在境外投资合作项目中，签订国际投资协议的最终目的是制约东道国的监管裁量权，在确保合法的情况下，促使投资能够合理流动。在二战以后，国际投资协议大多是以保护双方利益为目的的，并未将投资自由化作为目标。但随着《服务贸易总协定》《东盟投资区框架协议》等条约的出现，这一情况有了明显的改善。

大部分国际投资协议已成为跨境经济合作项目中的保护工具，该协议的签订，具有提高交易透明度的作用。国际投资协议并不要求东道国法律透明度，但投资协定和特惠贸易却十分关注透明度问题，并在协议中确立了投资双方应履行的普遍义务。国际投资协议对于发展问题并不作特别处理，国际投资协议还有保护外国投资条约、促进外国投资条约这两个别称。在境外投资合作项目当中，经济发展目标对于境外投资者而言，是不具任何法律拘束力的。缔结条约的最终目的是促进东道国的经济发展，而国际投资协议中的各项条款通过保护东道国的外国投资，来加快实现东道国目标的速度，达到双赢的局面。

三　现有国际投资纠纷解决框架的结构风险

国际上现行的争端解决机制存在诸多不足。在现实中，很多发展中国家由于多方面因素的影响无法通过争端解决机制来保护自身的权益，甚至还会对发展中国家的经济、政治和文化产生巨大的负面影响。[①] 第一，成本成为制约发展的主要原因。与经济发达的国家或地区相比，发展中国家无论技术能力还是专业人才数量都极为有限，在出口贸易当中，一旦发生纠纷或争议，虽然可通过发达国家的法律机构予以解决，但需向这种专业性的法律机

① Charles N. Brower, Stephan W. Schill, "Is Arbitration a Threat or a Boon to the Legitimacy of International?", *Chicago Journal of International Law*, Volume 9, Number 2, 2009, p. 471.

构缴纳高昂的服务费用，在一定程度上削弱了发展中国家利用争端解决机制保护自身利益与合法权益的积极性与热情。第二，争端解决机制流程烦冗，耗费时间较长，长时间的拖延非但无法解决投资争议，甚至还使发展中国家遭受了巨额的经济损失与名誉损失。在境外合作投资项目当中，争端解决机制不但没有快速解决发展中国家在投资过程中与合作伙伴产生的纠纷或争议，反而还会陷入烦琐的流程当中。第三，受政治因素影响甚深。部分西方国家长期以来拥有政治经济优势主导规则制定权，能够为规则实施投入较多的人力物力资源，甚至直接凭借其政治优势排除规则适用，典型如美国在适用《马拉喀什协议》时，主张其可以利用 301 系列条款进行单方面的制裁。此种背景之下，一些发展中国家也效而仿之，动辄对投资纠纷政治化，动辄运用政治手段影响法律适用。第四，制裁方式缺乏有效性与灵活性。争端解决机制的制裁手段是败诉方承担法律后果的有效方式，然而，不同国家经济实力、政治能力与外交能力上的差异，导致经济发达的国家能够通过政治、经济等方式来对败诉方实施制裁；发展中国家则由于发展落后，所以很难制裁败诉方。导致这一现象的原因包括下述两个方面：一方面，发展中国家不敢对发达国家进行制裁，怕今后的贸易活动遭到对方实施报复；另一方面，发展中国家各方面水平远不如资本主义国家，制裁手段也极为有限。在遇到上述情况时，发展中国家往往无法保障自身的利益。第五，上诉机构或专家小组的执法有时缺乏客观性与公平性。世界贸易组织上述机构与专家小组的工作职能为对贸易争端条款及相关内容进行深入性的解读，当协议中的条款前后矛盾时，他们需对其进行调整与改进。在具体的操作过程中，很多解释与裁定向发达国家倾斜；对于发展中国家的诉求则无限推延，无论是实际操作还是对各项条款的解读都更偏向于发达国家，从长远的角度来看，对发展中国家贸易产业的发展存在巨大的负面影响。

目前跨境合作区现行的争端解决机制存在实际操作力不强、内容流于形式、缺乏衔接机制以及内容过于分散等问题，若不对其进行创新、改进与完善，那么势必会对预期协调效果产生不利影响。争端解决机制可以说是构成决策程序不可缺少的关键，对及时处理争议、预防合作伙伴之间的摩擦有着至关重要的作用。当前，我国跨境经济合作区的合作对象大多是经济较为落后的发展中国家，在产生争议时，因为机制上的不健全，往往会导致公司与当地民众关系的恶化，不利于项目的长远发展。鉴于此，应加快建立完善争端解决机制的步伐，对争议进行预防与处理，稳固中国与缔约国的跨境合作关系。

两国交易的参与方式受合作地区制度环境的影响，而企业的运作水平、政府监管层次与宏观政策制度则是决定区内制度环境的根本原因。在当前的时代背景下，区内经济发展极快，且生产要素的分配方式也会随之发生不同程度的改变，促使制度环境发生变迁。因此，制度安排只有在与跨境经济合作区发展水平相符的基础上，方能发挥自身提高区内合作水平的作用，反之，将会制约当地经济的发展。鉴于此，应从多个不同的角度与层面来分析跨境经济合作区的制度环境，找出不合理的制度安排，并结合实际情况对其进行调整与改进，对改善外商投资、提高贸易水平、促进合作区可持续发展有着不可代替的重要作用。

健全且高效的争端解决机制可以说是当前时代背景下跨境合作区建设与运行的基石，同时也是打造多边贸易体系的重要因素。跨境经济合作区应积极借鉴其他国家或先进同业的成功经验，成立专家组，并建立符合双边国情的争端解决机制，及时化解双边国家在项目投资过程中存在的纠纷与争议，从根本上确保跨境经济合作区域内法律的稳定性与公平性，充分保障合作双方的利益与合法权益，为今后各方贸易的发展奠定坚实的基础。

四 “一带一路”跨境经济合作投资保护框架协议的提出

不管今后国际投资协议以何种形式出现，如何更好地处理双边贸易合作过程中产生的争议与纠纷，为了保证双方的利益与合法权益，发展中国家都要依托现代化信息技术建立国际交流论坛。

自多哈回合谈判放弃投资问题至今，世界贸易组织并未建立这样可供各国交流与商讨的平台。在每年一度召开的投资委员会大会上，也并未对此问题进行过多的着墨，而将目光放在制定国际投资规则过程中所遇到的困境与难题上。为了最大限度地吸引境外投资，"一带一路"倡议沿线国家应依据国际惯例签订具有法律效力的多边投资保护协定，东道国应做出对合作伙伴在境内投资给予大力支持与保护的承诺。投资保护协定是东道国政府与境外投资公司针对合作投资项目所签订的具体合同，用以保护合作双方的利益与合法权益。假设在后续的合作期间，东道国的行为与协定中的承诺不符，那么境外投资者有权根据国际投资者保护协定中的内容提出仲裁。迄今为止，在与东道国的合作项目当中，条约仲裁已经成为境外投资者保护自身权益的有效手段。[①]

目前，国际投资保护协定中，有 2800 余项投资协议与特惠贸易条约，内容分散性较强，导致在遇到争议或纠纷时，无法在第一时间进行处理。侧面体现出在国际投资协议谈判过程中，无论是境外投资者还是东道国，均应采取诸多合法手段来保障自身的利益，但假设与发达国家出现争端，大部分发展中国家因缺乏讨价还价能力，所以往往处于被动地位。在跨境经济合作项目当中，应基于长远的角度出发，全面考虑东道国发展问题，并依据国际投资协议中的各项条款来协调公共利益与私有利益的平衡。但事实上，只要投资协议内容始终呈分化状态，那么是难以实现合理化、透明化与同一性的。鉴于此，应从国际投资协议体系自身入手，结合各个契约国的实际情况，对协议内容进行调整与改进，只有这样，方能克服这些问题，促进国际贸易更好地发展。现行的国际投资协议体系在遇到争端时，只能缓解却并不能真正地解决问题。随着对外贸易事业的快速发展，近几年来世界贸易市场上国际投资协议的复杂性以及数量均有了不同程度的增长，但这

① Stephan W. Schill, "Reforming Investor - State Dispute Settlement: A (Comparative and International) Constitutional Law Framework", *Journal of International Economic Law*, Volume 20, Issue 3, September 2017, pp. 649 -672.

样一来，也引发了诸多不同类型的投资纠纷。在此情况下，若不对国际投资协议进行改进，那么势必会有更多的发展中国家面临着发达国家的风险，对其境内经济的发展存在巨大的负面影响。据统计，近几年来，在双边贸易合作项目中，有很多国家签订了自由贸易协议，导致的后果是自由增长趋势是难以控制的，所以对发展中国家的发展是十分不利的。

跨国公司对建立国际投资协议多边共识始终持支持的态度。随着贸易主体的日益多元化，国际投资协议的复杂性也使境外投资者难以在第一时间选择适用，他们参与的投资活动以及相关投资行为，大多受东道国的保护。从法律的角度来看，制定多边规则能够在一定程度上增加法律的稳定性与可预测性，对做出最终的投资决策有着重要影响。随着时代的发展，经济的进步，越来越多的公司开始将目光放到国外，尤其是发展中国家，与发展中国家建立合作关系，不但能够获得巨大的收益，还能有效促进当地经济的快速发展，但为了确保投资活动得以顺利开展，境外投资者寻求当地法律保护的需求也有所增强。

此外，由于一些客观因素的存在，有很大概率会降低国际投资协议寻求多边共识的积极性与热情。很多国家对外国直接投资政策进行了新一轮的分析与评估，在结合实际情况的基础上，对境外投资者实施了新的限制与管束条款。很多国家还持续关注境外主权财富基金或国有公司的投资事宜，担心其他国家可能会因巨大的财力而被用于外国的政策目的，从而引发国际市场上的“不公平”竞争，导致市场竞争无序。

国际投资协议的多样性侧面体现出不同国家发展政策的不同，而为了保障其权益，就势必要结合实际情况来设定协议内容。各国都在积极探寻管理灵活、高效的国际投资协议，同时，协议的一致性也在一定程度上提高了国际投资协议体系的透明度、稳定性与清晰度，对保障投资双方的利益有着重要作用。

在过去数十年的时间里，国际投资规则已形成了较为稳定的共同基础。解决境外投资者与东道国纠纷、禁止限制货币流通、禁止无补偿的征地、公平合理的待遇、最惠国待遇以及国民待遇保证均为国际投资协议中的核心内容，但是国际投资协议自由化承诺的共同基础相对较少，自由化大多是国内管理改革或国际投资协议推动而形成的。经济合作协议以及自由贸易协议的出现，预示着条约逐渐向投资自由化的方向发展，但这种趋势是否有助于形成国际投资协议多边共识还并不清楚。而国际贸易组织在实现自由化的方法上也尚未达成共识，大多是将其视为一般规则。

综上所述，无论是发达国家，还是发展中国家，均应加大对合作区制度体系设计的研究力度，为跨境经济合作的顺利开展提供一定的参考与指导。国际上具有代表性的案例有：大湄公河次区域经济合作以及中国—东盟自由贸易区的建立，不但促进了东道国经济的增长，对世界经济的影响亦是不可忽视的。而随着时间的推移，中国已经从最初的东道国角色逐渐转变为境外投资者，与很多发展中国家建立了稳固的合作关系，对促进当地经济的发展起到了不可代替的重要作用。

第三节　跨境经济合作区投资保障框架的实施

一　平衡公私利益，寻求止损补救方案

协调不同外国投资者之间，以及外国投资者与东道国之间的利益与权力，是跨境经济合作区投资保障框架的核心命题。外国投资者一般都是以营利为目的的，而政府部门的工作职能是维护社会安全，监管工商企业的行为不得违反社会公共利益之需要。从法律的角度来看，政府监管和投资者权力间存在一定程度的利益冲突，应依据东道国法律体系及国际投资协议中的规定来解决这些问题。虽然国际投资协议的制定是为了充分保护外国投资者的利益与合法权益，但东道国的法律则是控制、监管投资者经营及投资行为的重要手段。所以，如果东道国尊重国际投资协议中的每一项规定，积极履行征用情形下的补偿义务，给予缔约国公

平待遇标准，在合作中始终秉承“不歧视原则”，那跨国公司应在合理的情况下服从东道国的法律法规、环保规定、财政规定与社会安全要求等。①

随着经济的发展以及社会的进步，跨境投资合作行为也日益频繁，导致国家与投资者之间的争端数量也越来越多，但同时也为协调东道国与外国投资者之间公私利益问题提供了新的契机。在过去，发生争议时，很多外国投资者会选择仲裁的方式予以解决，但这样一来，将会对东道国产生一定的负面影响。很多国际投资协议设定的内容模棱两可，令人难解其意，不但无法保护公共利益，甚至还加大了产生风险的可能性。鉴于此，应制定一些清晰、明了的国际投资协议内容，降低和减少司法仲裁所带来的风险以及一系列不良后果。除此之外，强调企业的社会责任感也是解决国际投资协议公私利益的有效举措，因为随着时间的推移，人的想法、企业的决策以及利益均会随之发生改变。不同国家对“公正”这一词汇的理解也存在差异，因此，各国极有可能运用法律技术以及其他手段来将其划归至国际投资协议。应针对这一问题，对国际投资协议进行调整与改进，如国家安全问题，虽然投资活动大多是有益合作双方的，但却因潜在风险的存在，使企业不得不面临一些特殊且难以战胜的挑战。

能力建设与政策研究是当前时代背景下加强跨境投资合作力度的有效举措，同时还能起到平衡东道国与缔约国公私利益的作用，始终确保监管的有效性、可持续性与灵活性。此外，还应注意下述几方面问题——国际投资协议中诸如保障措施、过渡期、豁免权等“灵活性”机制是否有助于东道国实现其发展战略及项目目标，并在跨国经济合作项目中获得最大收益；国际投资协议如何才能实现外国投资者在缔结契约以后，对东道国社会发展、经济发展以及文化发展等方面的贡献；采取何种手段方能平衡好各利益相关者之间的关系，加大合作力度，促使合作的双赢。

---

① Sergio Puig, “The Merging of International Trade and Investment Law”, *Berkeley Journal of International Law* 33, December 9, 2016, p. 22.

二　投资纠纷解决的体系与层次

国际投资协议的设定，通过运用国际仲裁手段来解决参与投资国家的争端。虽然这种方法能够在一定程度上增加投资者的信息，却也存在诸多不足。例如：双方重要经济关系所面临的破裂风险以及一系列的负面后果；高额的间接费用与直接费用；仲裁需历经多个流程，耗费诸多时间。基于东道国的角度来看，国际仲裁结果对外国投资的公共支持与投资环境均存在不同程度的影响。简而言之，仲裁虽然是解决国际投资项目纠纷的可行手段，但对项目及东道国的发展也存在诸多不利因素。设计构建多层次的投资纠纷解决体系，尽可能谋求当事各方通过协商彼此之间的分歧，最大限度地谋求合作。

（一）事先同意诉诸国际仲裁

要求合作双方在协定当中，同意将争端提交到专门负责的国际仲裁机构，不但能够有效解决缔约国拖延的现象，还能在一定程度上加快解决争端的进程。

（二）解决缔约国之间投资争端的具体渠道

在签订双边投资协定时，具体的解决途径包括以下：第一，设在新加坡、斯德哥尔摩、开罗等国家和城市的地区性仲裁中心；第二，常设仲裁庭，包括常设仲裁法院仲裁（Permanent Court of Arbitration，PCA）与国际投资争端解决中心（International Centre for Settlement of Investment Disputes，ICSID）等；第三，严格按照联合国国际贸易法委员会仲裁规则（United Nations Commission on International Trade Law Arbitration Rules，UNCITRAL-Arbitration Rules）以及国际投资争端解决中心的规则，并结合双方合作的具体情况以及所处国家的政策条件、法律条件，设立多层次的仲裁分庭，用以解决缔约国之间的投资争议。其他条件可保持不变，一般来说，选择解决争议的渠道越多，那么证明投资者选择的范围越大，解决争议的效果也就越发明显。

三 跨境经济合作区中国企业的投资保障

在跨境投资活动中，选取跨境合作区的参与国需要考量其是否是相关国际投资仲裁条约的签约国，应当优先选择在本土设立国际法庭承认的有效争端解决机制的国家及地区，设立特殊目的载体功能的控股公司。但值得注意的问题是，即便保护协定依照相关程序对外国投资活动予以保护，但这并不表明国际投资争端解决中心能够解决合作过程中的所有争议或矛盾。近几年来，在完善跨境投资国家争端解决体系方面，很多国家通过使用第三方替代性争端解决方法程序，来解决中国国有企业与他国投资者之间的矛盾或冲突。其法律依据是，为了促使世界贸易更好地发展，联合国国际贸易法委员会1980年结合各国的实际情况，制定了有关商业调解的示范法与统一的调解规则。第三方争端解决办法比正式仲裁往往具有更好的社会效果，且更加快速，更具经济性，能够有效保护合作双方的利益，并促使双方建立稳定且良好的合作关系。

国际投资争端解决中心负责协调、缓解国家和其他投资者之间的矛盾，并不享有争议管辖权。按照学术领域流传范围最为广泛的观点来看，假设中国国有企业在执行国家政府功能时，那么它便不具备“另一缔约国国民”（National of another Contracting State）这一身份，而这种情况就无法通过国际投资争端解决中心条约来解决与东道国两者间存在的种种矛盾。国有企业的投资行为是否具备私人企业营利属性则是识别其是否具备“另一缔约国国民”这一身份的重要条件，同时也是防控跨境投资风险的有效举措。中国国有企业因其所有制性质，所以在跨境投资活动中，应时刻警惕投资风险，以免遭受东道国的错误认定。“一带一路”倡议推进中国企业和其他国家建立的友谊，应当在正式法律效力的协议文件中明确载明中国国有企业投资行为的私人企业营利属性，针对实际情况，来帮助东道国摆脱贫困，促进其社会进步，为其长远的合作与发展奠定坚实的基础。

第四节　基于独立审计与公共问责督导的公私合作治理

一　投资督导与公共问责框架

为了降低跨境经济合作区治理中法律实施、信息传递及事中监管等领域的贪污腐败等违法行为的发生概率，通过设置独立审计和公共问责工具推进公私合作治理，可分别采用受资方政策工具与投资方政策工具。[①]

受资方政策工具列举：

（1）居民信息反馈卡。居民信息反馈卡体现公众对公共服务质量、效率以及其他方面问题的满意度，为地方行政当局、社会机构及民间团体提供一个关切具体问题的议程，是投资方调整改善优化其项目建设运营的重要依据。

（2）非政府组织监督。非政府组织监督往往能够发挥阳光透明、精简高效、优化治理和吸纳异见的功能，优化跨境经济合作区行政治理，达致强化公共问责的效果。

投资方政策工具列举：

（1）信息技术应用。信息技术应用对增强项目透明度有着重要作用，包括基本准则、互联网接入、网络化采购程序、符合标准的采购代理机构，等等。信息化的会计和评估流程，能够为公共问责提供必要的依据。基于区块链和人工智能等信息技术应用的采购和合同管理系统，不仅能够提供开放和可溯源的流程监管，而且能够保障跨境经济合作区治理目标的实现。

（2）清廉承诺书。清廉承诺书是投资方与受资方之间签订的清廉保证，主要用于投资方、投标人、受资方行政机构及职员，

① Thomas Schillemans, "Managing Public Accountability: How Public Managers Manage Public Accountability", *International Journal of Public Administration*, Volume 38, Issue 6, 2015, pp. 433 –441.

改善公共采购、招投标、公共项目运营的腐败预防。目前大部分国家和国际组织都已经使用了类似的清廉承诺书或者廉洁协议，等等。

（3）独立审计。“一带一路”未来有望共同制定审计制度和审计标准，独立第三方审计实施的工作内容有：定期核查财务报表，定期核查资金购买的产品、资产和服务，综合核查行政机构的招投标、会计管理和所有的公共采购行为。

（4）警示督导。在跨境经济合作项目实施进程中，识别和分析项目实施进程中潜在的腐败或者低效环节，启动监察程序对行政治理机构进行监督、解释和指导，从而最大限度防范腐败、低效和滥用权力的发生。

（5）跨境经济合作透明度倡议。投资方应当谋求与东道国行政部门、社会机构和民间社团倡议透明度工作方案，从而节约信息传递的成本，增强社会多元利益主体对未来政策的结果预判，强化公共问责，提升营商环境。

二　监管政策督导的公司治理

多个制度安排构成了制度结构，而这些制度结构又是彼此影响、互相依存的。若一个制度安排得不均衡，那么势必会导致其他制度或制度结构的失衡。审计委员会制度设计对公司内部制度结构与其他制度的建立具有正面影响。鉴于此，应集合公司的实际发展情况建立跨境经济合作区治理新架构，力求促进双方合作顺利开展。

对于跨境经济合作的公司治理模式选择而言，审计委员会引入是较为必要的。审计委员会应具有一定的独立性，它与董事会是平行关系，只有这样，才能充分发挥审计委员会的优势与作用。在跨境经济合作区治理新架构中，最高权力机构为董事会，审计委员会是连接董事会与股东的桥梁，扮演的是公正者、监督者的角色，它与董事会共同负责公司内部的所有工作。新架构对原有的监事会职能进行了调整与改建，监事会主要负责维护全体职工的利益，并且职工代表人数有了明显的增加，由过去的1/3增加至现在的1/2，通过投票选举的职工代表来担任监事会主席。审计委员会具有决定审计报酬数额、监管会计师事务所、提请解聘与聘任要求的权利。委员会薪酬主要源自两个方面，一方面是内部审计基金，另一方面则为审计委员会基金，由股东大会投票决定最终酬金的多少。在新的治理结构中，审计委员会、经理层及董事会协同负责股东大会，并与监事会共同对公司内部进行监督与治理，加快实现组织目标的步伐。[①] 在跨境经济合作区治理新架构中，从审计委员会与董事会关系、与经理层关系、与内外部审计关系及人员组成方面提出了新的设想，具体如下：

（一）审计委员会构成结构

审计委员会应当主要由执业注册会计师、所有独立董事、审计委员会秘书、监事会主席、董事长以及审计委员会主席等多名成员构成。其中，执业注册会计师是外聘而来，与企业另行聘请的会计师事务所之间应当无任何关联，这种安排能够最大限度地提高审计委员会工作上的专业性和独立性。审计委员会主席负责处理日常行政业务、董事会的协调与联络、会议日程、会议备忘录、选拔审计委员会秘书以及其他相关工作。一般来说，应根据公司的治理结构与实际规模来确定审计委员会人数，大多包括10—15名工作人员。执业注册会计师、所有独立董事、审计委员会秘书以及审计委员会主席应具备较强的沟通能力、表达能力、团队合作精神、健康的心理状态与人格、果断的决策能力、全面的规划能力与战略意识、丰富的工作经验与经营管理理论知识等，不仅如此，审计委员会还应具备一定的独立性，只有这样，才能更好地对董事会以及其他高层管理部门进行监管。

除了监事会与董事长之外，审计委员会主席负责选拔、聘任其他成员以及制定工作任务等，对审计工作的开展往往起到决定

① Khaled Samaha, Hichem KhlifKhaled Hussainey, "The Impact of Board and Audit Committee Characteristics on Voluntary Disclosure: A Meta-analysis", *Journal of International Accounting, Auditing and Taxation*, Volume 24, 2015, pp. 13 – 28.

性作用。因此，审计委员会主席的选拔至关重要，公司应开辟多元化的选举渠道，制定严格的选聘要求，聘任高素质、工作经验丰富且为人公正廉洁的委员会主席。一般情况下，选拔审计委员会主席需要历经下述几个步骤：第一，通过社会推荐、经理人推荐、董事会推荐、个人自荐以及股东推荐等方式来确定委员会主席候选人；第二，在选举过程中，候选人应公布真实的竞选资料，包括个人的工作经验、文化水平以及对未来的展望等；第三，股东大会经过商讨选出一个最佳人选。在跨境经济合作项目公司中，董事会与审计委员会主席的任期基本一致，这样能促进审计部门更好地履行自身的监管职责，维护好各部门的关系以及中小股东的合法权益。

（二）审计委员会、内部控制、独立第三方审计的三角关系

在跨境经济合作公司的治理结构中，内部控制是一种咨询、客观确认及独立的活动，其目的是改善组织运营、消除弊端、增进价值。通过运用规范、系统化的方式，对风险治理、控制及管理效果进行改善与评价，帮助企业以最快的速度实现战略目标。在现实中，审计委员会和独立第三方审计应保持良好的沟通与互动关系，具体包括下述几方面内容：（1）讨论执业过程中遇到的困难、限制及干扰；（2）共同商讨管理层和外部审计师两者给出的不同意见；（3）分析审计及重大会计调整的正确性和必要性；（4）讨论双方的工作职责及所负责的范围；（5）讨论审计部门的独立性、权威性以及相关问题等；（6）其他关于公司决策及发展的问题。审计委员会应将自身的独特优势与功能充分发挥出来，结合有效的手段来安排内部审计工作，减少重复劳动，加大对内外部审计的监督与管理力度，从根本上提高公司的内部价值。

（三）审计委员会与董事会、经理层

在公司治理结构中，基于本质属性建立的审计委员会具有较强的独立性，与董事会属于互相监督的关系，两者是平行的，并非上下级关系。该理念在美国次贷危机中得到了证实。银行及专业的投资部门是购买次贷的主体，所以，在次贷危机席卷之后，

它们遭受的损失也是最大的。在爆发次贷危机前夕，美林 CEO 全权负责风险审计工作，假设前者与风险审计部门的高管存在难以协调的矛盾，那么将会有很多风险审计工作难以落实到位。即便摩根士坦利公司的风险审计部门是独立的，但却需要支持公司内部的一切交易行为；相比之下，只有高盛的交易部门与审计部门是平级关系，只有通过风险审计部门的监控方能进行交易，所以在此次次贷危机当中，高盛几乎未曾受到影响。在这种制度安排下，审计委员会的日常工作范围就是负责对下属经理层及董事会的各种决策、行为进行监管。审计委员会的本质属性是最大限度地减少管理层与股东契约的不完全程度，降低道德风险与逆向选择风险的发生概率，成为管理层与股东之间联系的桥梁，同时亦是制衡管理层与股东的关键。在具体的工作中，经理层可向审计委员会申请，以此来获得内部审计的支持。董事长亦是审计委员会中的一员，与审计委员会彼此沟通、配合，共同完成对企业日常交易行为及高层决策的监管。

（四）审计委员会与监事会

对公司法原理而言，监事会成员与部分职工代表并不完全由股东大会选聘，但是往往出于职工利益和股东利益的不一致性，削弱了监事会的监督与管理效果。监事会职工代表数量占企业员工总数比例应该设置为多少？模糊的比例关系往往使得监事会无法很好地维护企业职工的利益与合法权益。审计委员会的设立，能够从多个角度与层面来完成对股东的监督与管理。因此，监事会和审计委员会应各司其职，分别对董事会及企业职工进行监管，更好地维护双方的利益。监事会主席以及内部 1/2 成员都是从职工代表大会选聘而来，维护的是职工与股东的双重利益，负责协调并解决股东、职工之间的利益冲突。监事会主席的选举，有助于提高企业的监管质量与效率，应采取有效手段来对公司治理结构进行调整与优化，建立“类金字塔”的委托—代理理论框架，摒弃传统管理体制中的弊病与不足，为企业的可持续发展奠定坚实的基础。

第五节 跨境经济合作投资风险与纠纷的救济治理建议

一 跨境经济合作投资纠纷裁决执行的法理框架

未来“一带一路”沿线的跨境经济合作投资纠纷裁决执行法理框架具体建议有：（1）事先约定双方可供执行的担保财产范围，尤其是事先承诺放弃主权豁免的财产范围；（2）事先约定商业性的替代解决方案和磋商机制，提前设计非财产内容的行为补救措施。主要考量因素如下：

国际仲裁权并不享有法律实施的执行权。在遇到纠纷或违法事件时，仲裁裁决需要通过东道国法院进行执行。在关于东道国法院落实仲裁裁决与法院执行的法律语境上，尽管《纽约公约》和国际投资争端解决中心两者存在一定的差别，但是两者均确认国家享有仲裁裁决的执行豁免权。这就使得一旦外国投资者与东道国政府发生分歧，东道国政府即使在仲裁裁决中败诉，仍然有机会启用豁免权排除该项仲裁裁决的执行。[①] 国际投资争端解决中心具有一定的独立性特征，以《国际投资争端解决中心公约》第52条第1款为审查基础，若裁决委员会支持其中的某一项裁决，《国际投资争端解决中心公约》签约国应当将该项裁决视为一项国内法院生效判决。但是需要强调的是，《国际投资争端解决中心公约》并不涉及裁决的强制执行，该项裁决能否得到强制执行需要遵循东道国的司法体系。在此过程中，普通商事仲裁裁决书债权人和“投资者—国家争端解决”（Investor-State Dispute Settlement，ISDS）裁决债权人两者的地位是一致的。

《纽约公约》进一步规范了两种情形下的裁决执行：一种是在

---

① Robert Howse, *International Investment Law and Arbitration: A Conceptual Framework*, *Institute for International Law and Justice*, New York University School of Law, Working Paper 2017/1 (MegaReg Series).

仲裁地所在司法管辖权区域中执行仲裁裁决；另一种是在仲裁地所在司法管辖权体系之外的其他司法管辖权区域执行仲裁裁决。尽管《纽约公约》的签约国应当承认国际仲裁的结果，但是该国际仲裁的结果应当通过执行地司法管辖权的实体和程序法律，执行地司法机构出于公共政策考量能够排除执行仲裁结果的理由有：第一，仲裁之前没有生效的仲裁约定或条款；第二，仲裁庭违反法律正当程序；第三，仲裁庭越权或者不当行使自己的权力；第四，仲裁庭的组成和仲裁程序违反《纽约公约》的规定；第五，仲裁裁决尚未生效或者存在被推翻或者暂缓的情形。

涉及境外投资或跨境经济合作的纠纷中，即使仲裁庭能够做出裁决，更大的麻烦在于很多应当被执行的资产很可能享有国家豁免权而排除执行，使得很多仲裁裁决沦为一纸空文。执行仲裁裁决的实际财产性内容，可能存在两个方面的困难：（1）被执行国的国有企业在法律名义上拥有的资产，依据公司法和财产法的基本原理，公司的财产不能成为仲裁裁决可以执行的直接财产。部分债权人也试图运用逆向法人人格否认制度来执行国家以股东身份在公司享有的财产，但是这种执行主张很难获得支持，其原因在于：国家股东身份的股权与具体债权债务难以形成的关联性；股权并不能直接对应于公司财产。（2）法理上被执行国能够被执行主权国家财产仅限于外交财产，但是这些财产属于国际公法意义上的主权豁免范畴，使得"投资者—国家争端解决"的仲裁裁决落空。国际上具有代表性的案例有：在美国国际集团（American International Group，AIG）诉哈萨克斯坦这一案件中，债权人申请的执行资产是哈萨克斯坦中央银行的财产，国际公法上中央银行的财产被识别为主权资产而享有主权豁免，英国法院最终裁定拒绝强制执行该项裁决。换个角度而言，东道国要求外国投资者赔偿的案件，也面临执行的难题。如果被告或被裁决的执行主体仅仅是一个没有资产的皮包公司，那么不仅东道国获得赔偿的机会将是非常渺茫的，而且东道国自身将可能支付高昂的法律成本。非财产内容的行为补救措施也经常为国际仲裁庭所使用，行为补救措施往往能够为纠纷双方提供商业化解决问题的替代方案。

二　跨境经济合作投资裁决宜限制强制性措施

在"一带一路"倡议的跨境经济合作项目的相关协议中，无论是对于投资者而言，还是东道国而言，都应该对其强制性措施进行一定的限制，并且对违反约定采取强制性措施配套规定相应可行的解决方案。主要的考量因素如下：

在当前的"投资者—国家争端解决"中，执行机制方面有着比较突出的特点。由于条约中有这样的规定，在裁决生效之前无需进行确认，故而一旦做出裁决，那么裁决则自动生效，与其他国际仲裁方式相比，这种显然更具便利性特点。不过，国际投资争端解决中心就当事方有权撤销裁决，这使之在裁决方面表现出的约束力明显降低。事实上，在全球范围内存在很多案例，其中不乏投资者对东道国发起诉讼，尽管最终的判决是后者向前者进行巨额赔偿，不过在具体落实与执行方面却阻力重重。[①] 与之相反，在世界贸易组织中所采用的是《争端解决谅解协议》，该协议中的一些规定是带有强制性的，这样在出现纠纷而无法通过协商解决时，是可以被强制执行的，这种准司法效果已经成为国际惯例。跨境经济合作项目的相关协议和法律治理框架可以融合上述两者，在限制强制性措施的同时，以一定的强制性措施作为后盾，同时匹配配套的解决方案。

针对"一带一路"倡议项目来讲，实质上所秉持的原则就是"南南合作"，如果过于强调强制性措施，不仅会令投资者心存疑虑，也会使沿线国家参与跨境经济合作的积极性在一定程度上受挫。对于"一带一路"倡议的跨境经济合作项目实施，其目的就是要从宏观层面上构建一种经济共同体，以一种包容的态度使沿线国家的经济能够得到共同的发展，因而在具体操作的过程中，

① Ronit Levine-Schnur, *How to Compare and Measure Different Levels of Law Enforcement: Observing Differences in Legislation is not Enough*, Proceedings of the National Academy of Sciences of the United States of America, June 21, 2016, p. 25.

应该避免过于“刚性”，在裁决中要注重“柔性”，这样才能够实现伸缩有度。不过，尽管在强制力方面有所削弱，不过也会构建相应的机制，使当事人的执行能够得到有效的保证。也就是说，一旦出现争端，可以进入到特定程序中，在得到裁决结果后，对当事人的结局方案予以确定。如果当事方不能在特定期限内就意见达成一致，那么则根据原仲裁结果进行判定和执行。另外，从争端解决机构的角度出发，对于其中的执行情况，可将其引入监督程序中，使之在亚洲基础设施投资银行等信用评级中适用，使违约方或者败诉方承担较高声誉成本，以柔性的替代性方案对违约方或者败诉方承担市场损失，从而在多个层面保证“一带一路”中相关协定能够更加准确而有效地得到执行。

三 跨境经济合作区信用与财政风险治理

在“一带一路”沿线国家（地区）和国际金融机构推广使用“‘一带一路’债务可持续分析框架”，评估跨境经济合作区参与国的公共债务指标。2019 年 4 月，中国在第二届“一带一路”论坛上发布了一份报告，即《“一带一路”债务可持续性分析框架》，主要针对该战略中所涉及的经济社会发展较为落后国家，在债务可持续性分析方面，其框架采用的是世界银行与国际货币基金组织的国家债务可持续性框架，其目的就是能够对受援国的债务可持续性前景进行更为客观准确的评估。[①] 为了能够使透明度得到进一步提升，使债务国、债权国之间能够对公共债务融资中所可能发生的风险形成有效的共担机制，所采取的具体工具主要有：

（1）构建跨境经济合作综合性数据库，如贷款要求、担保方案等数据。

（2）评估受资国的基本法律、特别法律，明悉东道国政府借款和担保的具体条款。

（3）直接融资或间接融资的规模，应当匹配跨境经济合作的

① Alexandre Jeanneret, “Sovereign Credit Spreads under Good/Bad Governance”, *Journal of Banking & Finance*, Volume 93, August 2018, pp. 230 – 246.

具体项目规划。

（4）除非有投资方和东道国之间明确约定不得披露协议内容，外国投资方和东道国应当使用可公众查询的标准契约。

（5）提前设置债务整合预案，当受资国出现公共财政危机时，根据债务整合预案及时有效处理风险。

（6）将跨境经济合作项目中所涉及的协议内容和条款尽可能向社会公众披露，公开相关公共财政融资内容。推进行政主管部门、金融部门、政府所有公司、民间投资公司等不同经济活动主体协调行动。

（7）根据世界银行和国际货币基金组织的可持续性公共债务分析框架，为投资方和东道国政府提供标准契约，尽量避免双方特别约定不得披露的协议约定。

（8）构建综合财政框架和公共财政信息披露制度，东道国政府应当定期发布政府一般性债务、所提供的担保和政府所有公司的负债水平等信息，报告政府项目、财政风险、预算状况、采购状况等。

（9）适用消极保证条款、无牵涉担保物品和独立浮动收益等的抵押贷款，最大限度降低融资风险，优化融资债权人的权利保障。

四　跨境经济合作区腐败风险的系统治理

公开、透明和竞争是治理腐败最有效的原则，这些原则应当贯穿于跨境经济合作区治理的各个领域和各个层面。[①] 基于该原则评估跨境经济合作区的相关协议和治理措施，能够进一步督导合作区治理的财务绩效、营商优化和高效廉洁，具体的政策工具有：

（1）透明度框架要求。跨境经济合作区应当按照世界银行营商环境的标准，尽可能公开合作区选址和规划信息、公共预算、公共财政支出和公共采购信息，经济活动主体能够充分了解合作

① Roberto Di Pietra, Andrea Melis, "Governance and Corruption: is History Repeating itself? Fostering a Debate and Inviting Contributions From a Multidisciplinary Perspective", *Journal of Management & Governance*, Volume 20, Issue 4, December 2016, pp. 689 – 701.

区政策信息，这也是社区民主合作关系构建的基础。

（2）营商便利化措施。这些内容主要涉及跨境经济合作区和治理框架的硬件之余的软件，即重点在于前述治理工具在治理末梢的实施。合作区参与国家（地区）的项目行政治理当局，应当尽可能提供营商便利措施，畅通投资者救济通道和参政议政通道。

（3）政府间反腐败协调。跨境经济合作区的参与各方如果存在治理腐败的差异化政策，将可能导致整个合作区面临权力寻租的底线竞争，参与各方应当就公共采购、投资争端和债务管理等关键环节设置相应的预防腐败协调机制，参与各方应当基于《联合国反腐败公约》制定合作区处理腐败官员和涉案财产的国际司法协作机制。

五　跨境经济合作环境与文化的风险治理

跨境经济合作区的规划选址、建设运营和物流配送等经济活动，难免会对周围环境和文化遗址产生一定的影响，但同时也应注意到任何形式的人类活动都可能影响环境，任何文化遗址随着时间的流逝都有可能出现自然毁损，问题的核心在于从根本上构建利益相关者共同治理机制，最大限度合理管控可能出现的环境与文化的风险，强化公共问责和提高公共决策的透明度，避免出现不必要的环境和文化的风险纠纷。具体的政策工具有如下：

（1）合作区的项目选址和建设规划，应当全面评估潜在的水源地污染、野生动植物影响、文化遗址地质和非物质遗产保护，尽可能避开自然保护区、野生动植物原生区和文化遗址保护区等脆弱性环境区域，相关交通设施应当充分考虑社会、环境及经济的影响，选取最合适的替代性建设方案。

（2）推广中国在修建青藏铁路项目中积累的保护环境和文化的丰富经验，尽可能选择对环境影响程度较小的施工方案及保护措施。如：施工时间避开野生动植物繁育时段和迁徙路线；设置噪声和光线屏蔽设施，控制噪声和光线污染；为藏羚羊等野生动物迁徙和觅食提供通过方案；为高原沼泽地质结构配套相应的环保技术方案；严厉打击非法林木砍伐、非法狩猎行为；等等。

（3）建立生态补偿机制。任何形式的建设施工都难免带来一定的环境负面影响，通过生态补偿机制确保总体的环境水平不降低。如：修复湿地、水道；恢复植被、稳固斜坡等。具有代表性的案例有：碳补偿，在生物多样性地区因人类活动而遭到破坏以后，应加强对生态系统功能及类似特有物种的保护力度。补偿机制包括出售补偿额度生物多样性银行、缴纳补偿基金，等等。运用生物多样性综合评估工具来筛查是否存在潜在的风险，对减少损害有着明显效果。

（4）基于人类命运共同体理念的国家间科研协作。亚欧大陆的陆上丝绸之路和海上丝绸之路，沿途国家或地区文化遗产众多，不同国家对于遗产保护工作的积极性越来越高。结合各国实际情况，提出高效的保护对策，以期对跨境经济合作区的顺利建设运营有所裨益。例如：亚欧大陆的内亚沿路经济带有很多土木遗址，大多处于干旱地区，沙尘暴、大风频发可能导致文化遗产遭受严重的损害。“海上丝绸之路”则因空气盐分含量过高和海风的存在，容易对石质遗产产生巨大的负面影响。为了解决这一问题，应采取有效的方式，来加强对石质遗产、木质遗产以及干旱或半干旱地区土质的修复保护的科学研究协作，这是现代科技背景下保护世界文化遗产的有效举措。

（5）基于人类命运共同体理念的国家间保护措施协作。亚欧大陆是地球上最大的大陆，环境和地理条件极为复杂和多元，迫切需要全球性的卫星监测、地面信息交换和保护预案协作。基本思路是推进相关国家在“一带一路”建设中履行《生物多样性公约》《关于持久性有机污染物的斯德哥尔摩公约》等多边环境协定，构建环境公约履约合作机制，推动履约技术交流与南南合作，引导企业积极履行环境和文化保护的社会责任，推动跨境经济合作可持续发展，推进实现沿线国家（地区）采取协调的环境监测标准、协调的问题识别标准、协调的调查评估和协调的环境与文化保护预案。

附录

跨境经济合作区公私合作（PPP）合同的法律性质研究

赵忠龙　起海珊*

一　公私合作（PPP）合同的概念解析和法律意义

（一）公私合作（PPP）合同的概念解析

公私合作合同的英文简称为 PPP（Public-Private-Partnership），也可称为政府与社会资本合作模式。[①] 在地方政府财政压力增大、经济转型与稳定增长等多重因素的综合作用下，公私合作（PPP）合同在我国发展十分迅速。并且，由于其担负着多种使命，公私合作的中国特色十分显著。

1. 公私合作（PPP）合同的提出

PPP 模式是指政府和社会资本方以向社会公众提供公共产品服务为目的，双方建立起一种风险、收益共担共享的合作模式。[②] 就世界范围内而言，美国、英国、加拿大等国家对 PPP 模式的运

---

* 赵忠龙，云南大学法学院副教授。起海珊，云南大学滇池学院教师。

① 公私合作（PPP）合同的官方表述为政府与社会资本合作，但从原意上来看，称公共部门与私人部门的公私合作更有延展意义，本文将在后文中使用公私合作合同和 PPP 模式这一英文缩写来表示公私合作（PPP）的含义。

② 曹珊：《政府和社会资本合作（PPP）项目》，法律出版社 2016 年版，第 2 页。

用相对迈入成熟阶段。但在中国，由于各种因素导致社会资本方投入热情相对较低，PPP 模式得不到有效的推广和缺乏较为成熟的典型例子可以借鉴。

美国预算局将 PPP 模式描述为一种“在不同的政府公共部门与私人部门之间，因契约式合同联系起的系统性伙伴关系”。[①] 该模式在美国已经覆盖很多的公共领域，如常见的医疗、卫生、交通等领域，甚至是航空、军事等领域都采用 PPP 模式。美国的 PPP 模式与英国等其他国家相比，最突出的特点是美国各个州或各地方政府拥有相对独立的自治权。据此，各个州会根据自己州的具体情况，制定符合自己实际情况的 PPP 模式。虽然各州有相对独立的自治权，对 PPP 模式有些许不同，但其共同之处也是利用公共部门与私营部门之间的力量，共同完成基础设施建设或提供公共产品服务。

英国财政部则认为，PPP 模式是指以下几种情况：一是通过发行股票或者出售股权的方式，来吸引私营部门，达到吸收社会资金的目的；二是指建立以非营运的方式进行建设、融资、维护基础设施建设的合同体系；三是指以政府为主导的合作方式，强调提供公共基础设施建设的市场要更加广阔。[②] 在英国，PPP 模式通常被称为自愿工程，即以营利为目的的私营企业，自愿承担公共义务且从中获得合理的预期收益。

而我国发改委在 2014 年 12 月出台的《关于开展政府和社会资本合作的指导意见》（发改投资〔2014〕2724 号）对 PPP 模式的定义是：“政府和社会资本合作是指政府为增加公共产品的供应能力、提升产品质量和效率，通过购买服务、特许经营权等方式，和社会资本建立的共享收益的稳定合作关系。”[③]

---

① 彭涛：《论公私合作伙伴关系在我国的实践及其法律框架构建》，《政法论丛》2006 年第 6 期。

② 彭涛：《论公私合作伙伴关系在我国的实践及其法律框架构建》，《政法论丛》2006 年第 6 期。

③ 参见国家发展改革委员会《关于开展政府和社会资本合作的指导意见》（发改投资〔2014〕2724 号），2014 年 12 月。

综上所述，各国对 PPP 模式的界定因其经济发展的侧重点不同，对 PPP 模式的定义也有所不同。但我们可以看出，这些定义的共同之处都是肯定了政府部门和私营部门作为合同的双方主体，就提供公共基础设施或公共服务而形成的契约关系。

2. 广义和狭义上对公私合作（PPP）模式的定义

（1）广义的 PPP 模式通常是指政府部门与民间资本、私营部门之间通过签订合同的方式，向社会公众提供公共服务产品（多为建设基础设施），从而形成一种利益共享的合作关系。该合作关系下的付费方式可以是政府付费，也可以是使用者付费。财政部和发改委的文件关于公私合作模式的概念采用的是广义上的定义。这一定义并没有专指某一个具体的公私合作模式类型，而是就合同主体、合同内容、合同特征做出大致的定义。该定义十分宽泛和包容，这也给 PPP 模式的发展带来了灵活操作的空间。

（2）狭义的 PPP 模式则是指某一个具体的公私合作模式，按如下的区间分布：BT（建设—移交）、BTO（建设—移交—运营）、BOT（建设—运营—移交）、BOO（建设—拥有—运营），依次指完全由政府部门提供公共产品服务到完全由社会资本方提供的排列顺序。这种具体的公私合作模式主要针对新建的项目，很少用于已有项目的维护、重建等。由于合同的合作期间较长，该定义下的公私合作模式的最大特点是合同的双方主体都要全程参与合同的全周期即在合同立项阶段直至合同期结束，都有政府部门和社会资本方的全阶段参与。如在项目立项之初，由政府确定该公共产品服务的质量标准，社会资本方在认可该质量标准下，进行建设、融资、运营等工作环节。对于该公共产品的费用问题，由政府部门向社会资本方进行支付或社会公众向社会资本方付费。而公共基础设施的使用权和所有权问题，在合同期满或在合同约定的时限内，将该公共基础设施的使用权和所有权移交政府部门。

随着世界各国经济水平的不断发展，狭义上的定义很难保证公私合作模式的灵活性，可能使得公私合作模式难以适应当前的发展形势。因此本文认为公私合作模式的定义应该采取广义上的定义。

（二）公私合作（PPP）合同的法律特征

讨论公私合作合同性质的复杂性，首先要了解其合同不同于一般的民事合同的性质，以下从合同的四个方面对公私合作合同的法律特征展开分析，以期从合同特征方面研究合同的法律性质。

1. 以政府部门为民事主体与社会资本提供方建立伙伴关系

伙伴关系是公私合作合同中最基本的特征，大多数成功的PPP模式都是建立在此伙伴关系的基础上。换句话说，以政府部门为民事主体与社会资本提供方建立的伙伴关系，是公私合作合同得以开展的基础。该伙伴关系要求政府部门和社会资本提供方处于一种平等的地位，双方进行合同的谈判与签署要建立在平等协商的基础之上。政府部门要信守承诺、合法履约，必要时协助社会资本提供方进行项目的审批，实现公私合作伙伴关系的效益最大化。伙伴关系同样也要求社会资本在享有合同权利的同时，积极地履行合同义务，如社会资本提供方在项目建设、融资、维护、运营等环节履行好合同约定的相关义务。公私合作的伙伴关系与普通民事合同的伙伴关系相比，最大的区别在于公私合作的伙伴关系要求在实现更好的基础设施建设的前提下，获得公私合作合同的经济利益即合同目标。[①] 该伙伴关系不仅要求双方主体之间以平等的方式进行磋商，还要求双方共同遵守合同目标。

2. 利润共享

利润共享是公私合作合同的第二大特征，利润共享不是指双方主体共享合同带来的收益，而是指在不以利润最大化的前提下，实现社会资本方的最佳收益。因为PPP模式的目的是实现更好的公共基础设施建设，而不是追逐利润最大化。如果合同双方主体都以利润最大化为重，必然会使公共产品的价格提高，从而加重政府债务，最终将背离PPP模式的初衷。所以，利润共享机制指

① 贾康、孙洁：《公私合作伙伴关系（PPP）的概念、起源与功能》，《中国政府采购》2014年第6期。

的是在双方主体共享合同成果的前提下，保障社会资本方应得的合法收益，实现政府方和社会资本的最佳收益。公私合作项目分为经营性项目和非经营性合同，社会资本方直接向公众收取费用的属于经营性合同，政府方代替公众向社会资本方付费的属于非经营性合同。利润共享机制则要平衡社会资本方和公众之间的利益，在保证公众享有高质量的公共产品和社会资本方获得应有的利益之间达到平衡。

3. 风险共担

风险共担是PPP模式的第三大特征，公私合作关系不仅要求利润共享，更是要风险共担。一般民事合同的双方主体往往都是站在各自的角度上，尽可能地减少自己在合同中的风险，合同双方主体都试图将自己的风险降到最低。而公私合作合同则要求，合同双方必须要对风险进行合理分担。这也是此类合同与普通民事合同显著区别的地方。用一个例子来证明风险共担原理：政府方与社会资本方进行基础设施（道路）建设的合作，在项目投入运营后，因车流量太少造成社会资本方预期收益受损。如果是普通的民事合同，该风险可能仅由社会资本方承担或按合同约定。但在公私合作合同中，如果发生此类情况，政府方将会进行现金流量补贴。PPP模式的分担机制要求政府方承担最具控制力或自身管理职能的风险，社会资本方承担融资、建设等方面的风险。如果每一类风险都由最容易控制的一方承担，将实现公私合作合同的成本最小化。

4. 全生命周期的风险管理

公私合作合同的运行周期长、合同内容复杂以及影响合同成就的风险有太多不确定因素。基于公私合作合同的诸多特性，有必要对其进行全生命周期的风险管理。全生命周期的风险管理不仅是合同顺利开展的一个重要原因，也是PPP模式与传统投融资项目显著不同的地方。公私合作合同的这一特征，要求社会资本提供方从项目的最初阶段就要进行管理，如在项目发起阶段进行项目的设计或是以建议书方式进行项目的发起，在项目的最后阶段同样也要进行项目的运营维护等方面的工作。由于其运行周期长达二三十年，社会资本提供方的参与时间也从最初的三五年，延长为二三十年。公私合作下的风险管理要覆盖全生命周期这一要求，喻示着公私合作合同不单单是一种融资方式，还是一种管理方式。

（三）公私合作（PPP）合同的法律意义

在经济新常态的不断发展下，PPP 模式越来越盛行，该模式也会带来很多法律意义，如政府改革、创新投融资体制、现代财政制度等，这些积极意义也是因 PPP 模式的特征所带来的。在具体的法律意义上，公私合作是通过一系列合同体系获得实施的，理论上称之为契约束[①]，契约束是公私合作项目实施和管理的重要工具和手段，它代表着项目的主要目标、合同参与者的权利义务、纠纷解决的依据等，在 PPP 模式中具有极其重要的法律意义。公私合作合同体系下的各合同是所有参与主体成为合同体系中一员的纽带，即公私合作项目的各参与主体通过公私合作合同体系形成一个整体。

本文的研究对象是公私合作的整个合同体系，而不是其中某一个单一的合同文本。公私合作合同体系包括如下几种合同文本：PPP 项目合同、股东协议、履约合同、融资合同、保险合同。本文将在下文对各个合同文本进行简单介绍，以期对公私合作合同性质有整体的认识。

1. PPP 项目合同

PPP 项目合同是指政府部门和社会资本提供方为了进行 PPP 项目的合作，以项目公司的身份与政府部门签订合同。PPP 项目合同并非在项目初期就能进行签署与谈判，因为 PPP 项目在初期阶段没有成立项目公司，所以只能由项目投资人和政府部门进行项目的对接与谈判。在未成立项目公司时，政府部门与项目投资

① 李诗鸿：《公司契约理论新发展及其缺陷的反思》，《华东政法大学学报》2014 年第 5 期。

人就合同的关键条款、合作框架等内容进行磋商，双方就磋商内容签署项目意向书。在项目公司成立后，政府部门与项目公司就上述意向书内容签署正式的 PPP 项目合同。PPP 项目合同的目的是对合同履行过程中的诸多风险、双方权利义务进行合理的分配，以期实现 PPP 项目的顺利开展。在整个公私合作项目的合同体系中，PPP 项目合同是其合同体系中最核心的合同，也是其他合同的基础和前提（见图 1）。

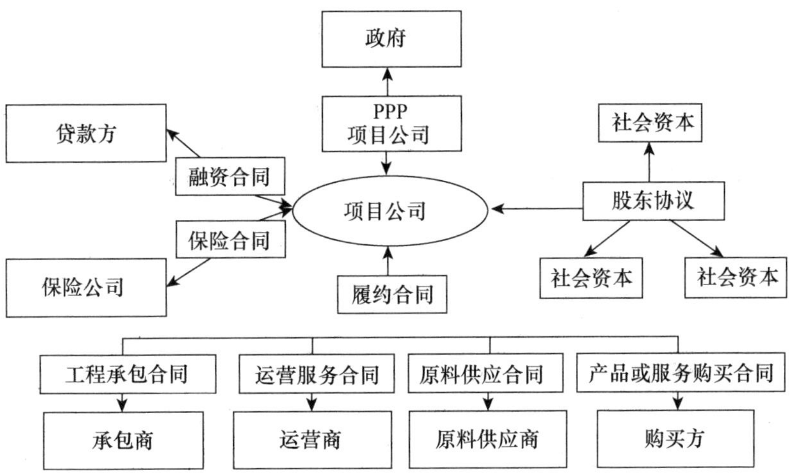

图 1　公私合作（PPP）项目合同体系

资料来源：秦玉秀：《PPP 全流程操作实务：核心要点图解与疑难问题剖析》，中国法制出版社，2017 年 5 月。

2. 股东协议

股东协议是由项目公司的股东签订，以期在股东之间形成一种有约束力的契约关系。在成立项目公司后，项目投资人就不再以社会资本这一主体身份进行 PPP 项目的合作，而是以项目公司的股东身份进行项目的全周期管理。项目投资人签订股东协议是为了更好地成立项目公司，使项目公司在项目设立、运营、维护等方面尽到合同约定的义务。项目公司的股东通常包括项目的建设施工方、项目的运营承包商以及融资方等具有投资能力的社会资本。政府部门也可以成为项目公司的股东之一，但政府部门一般不直接参与日常经营活动。股东协议包括项目公司的合作范围、融资范围、股东的权利义务、转让股权、分配股息等内容。[①]

3. 履约合同

履约合同包括工程承包合同、运营服务合同、原料供应合同、产品或服务购买合同。工程承包合同指项目公司由于其自身管理能力的要求，在涉及工程管理等内容时，会把部分或全部承包给有实力的承包商负责公私合作项目的工程建设；运营服务合同是指项目公司可以把公私合作项目的运营内容承包给专业的运营商，但不意味着项目公司就脱离了项目运营与维护的义务，项目公司同样要按照公私合作项目合同的约定，对项目进行运营和维护；原料供应合同是指项目公司与原料提供方就长期供应固定价格的原料而签订的合同。在项目长期运营的过程中，原料的成本价格会存在波动的情况，为了避免成本价格的提高，项目公司会选择价格较为稳定的原料商进行合作，以期为公私合作项目的顺利开展提供一个稳定的原料价格；项目公司的目的是获得项目收益，产品或服务的销售就显得尤为重要。为了保障预期收益，项目公司会与政府方或社会公众就公共产品或服务来签订产品或服务购买合同。除此之外，某些公私合作项目还会在产品或服务购买合同中另附“照付不议”条款，即项目公司只要按量供应公共产品或服务，无论政府方或社会公众是否需要，都要按照约定价格付费。

4. 融资合同

融资合同指公私合作合同的双方主体在项目合作过程中，为了解决项目资金问题，挑选有资金实力的融资方进行合作的一种合同形式。当挑选到合适的融资方时，项目公司会与融资方签署项目贷款合同。融资方为了保障自身资金安全，也会与项目公司的担保人签署担保合同。为了保障融资方的权益，项目贷款合同

① 秦玉秀：《PPP全流程操作实务：核心要点图解与疑难问题剖析》，中国法制出版社2017年版，第103—104页。

中会约定以项目公司的某些财产进行抵押，甚至是政府部门出面做出承诺。融资合同的融资方包括商业银行、多边金融机构以及非银行金融机构等。融资方不单是一家金融机构或非金融机构，在融资需求较大的项目中，也可以与多家融资方达成合作。融资合同是公私合作合同体系中较为关键的环节，该合同除了能解决资金不足这一大难题，还可以吸引众多投资者的投资热情以及创新融资方式。

5. 保险合同

由于公私合作合同的运行周期长、资金需求大，合同的众多参与方在履行合同的过程中会面临很多不确定的风险。因此，项目公司、承包方、运营方、融资方会在合同履行的不同阶段对可能会发生的各种风险进行投保，如货物运输过程中的风险、工程过程中的直接风险以及各种间接风险。

二　公私合作（PPP）合同性质问题的静态文本与动态运行

要定性公私合作合同的法律性质，除了对公私合作合同概念、特征、意义的全面理解外，还要对公私合同合同的签约主体、合同条款以及PPP模式的动态运行机理进行分析，才能全面地了解公私合作合同，从而准确理解合同性质。

（一）公私合作（PPP）合同的签约主体

与一般民商事合同相比，公私合作合同的主体并不是两方或多方私主体，而是公权力主体和私权利主体之间的合作，从合同的签约主体上，也能看出合同中的公私法属性。

1. 政府部门

作为公私合作合同的一方主体，在合同履行的各个阶段，分别扮演监管者、付费者、合作者的角色。[①] 政府方作为监管者，应按合同规定履行合同相应的权利，如获取项目计划和要求社会资本方定期提供合同进度的报告，对合同管理进行绩效评估，对社会资本方的融资行为进行监管，甚至是当合同履行过程中出现违背公共利益事由时，有中止、变更、终止合同的权利；当合同目的实现或公共基础设施建设完毕，政府方应向社会资本方进行付费，这是政府方在合同中应履行的义务即政府方的付费者角色；政府的合作者角色要求政府在合同履行过程中与社会资本方的法律地位是平等的，政府方应遵守诚实信用、意思自治原则来履行合同义务，协助社会资本方办理合同审批手续等。

2. 社会资本方

公私合作合同中的另一方主体是社会资本方，社会资本方可以是由社会资本担任，或是成立项目公司。社会资本不仅是依法成立的组织，还必须是有效存续的企业且具备法人资格。社会资本的主体要求十分严格，但主体范围很广，如国有企业或民营企业，甚至是外国企业或外商投资企业都可以对公私合作项目进行合作。而项目公司是指，在具体公私合作项目实际操作过程中，社会资本一般不会直接参与项目的实际施工，而是新成立项目公司作为实际实施主体。项目公司又分为两类，一类是由一个或多个社会资本出资设立；另一类是由合同的双方主体共同设立，只是政府方不具备实际实施管理权限。由多个社会资本设立的项目公司，多个社会资本又统称为联合体。社会资本方在进行项目挑选与进入时，由于社会资本存在资金不足、实力薄弱等特点，众多社会资本（实施方、融资方、运营方）以联合体的形式，参与政府招投标环节，以联合体形式增加竞争力。但需要注意的是，联合体仅仅是一个临时性的组织，不具备法人的主体资格。

（二）公私合作（PPP）合同的主要条款

公私合作合同由政府方和社会资本方共同签订，用于约定双

---

① 刘梦祺：《政府与社会资本合作中政府角色冲突之协调》，《法商研究》2019 年第 2 期。

方基本权利义务。虽然具体的PPP模式的操作方式、合同形式都不尽相同，但总能找出其共有的合作形式和主要条款。对公私合作合同主要条款的分析可知，项目的合作范围和期限与一般的民事合同不同，其合作期限较长、合作范围涉及的领域特殊，用一般的民事合同来调整可能很难完全适用。项目用地条款的政府介入更是不能完全将其认定为普通民事合同。所以要对合同定性，就必须对合同的主要条款有清晰的认识。

1. 项目合作范围和期限条款

项目的范围条款是指项目合作期限内，政府与项目公司的合作内容和主要范围。每个具体的PPP模式的操作方式是不同的，有些公私合作合同的合作只涉及建设与运营或是以只提供新的公共基础设施为合同内容。公私合作合同的合作范围一般有设计规划、建设施工、运行维护、提供公共服务等方面。为了保护社会资本方的合同权益，上述的合同范围具有独占性，即政府方与某个项目公司就上述一个或多个方面达成合作后，政府方不能就其中某项内容与其他社会资本方再次进行项目合作。

虽然具体的PPP模式的合同期限不同，但常见的合同期限的条款一般只有两种。一种是政府方和社会资本方在合同中明确约定为合同生效之日起至某个具体的时限，如20年。另一种为双方在合同中分别约定合同的建设期限和运营期限，运营期限为公私合作项目投入运营后的某一段具体时限。公私合作合同的周期较长，往往由于诸多不确定因素，会导致无法在约定的建设期限内完成合同内容，如采用第一种期限条款，将会导致运营期限变短，从而影响预计的运营收益。因此，合同的双方主体一般会倾向于选择第二种期限条款或在合同中设立诸多延长合同期限或缩短合同期限的灵活调整方式的条款。

2. 项目用地条款

公私合作合同的标的是公共基础设施或公共基础产品，一般都会涉及项目建设的土地问题。项目用地条款是公私合作合同中有关项目土地问题的权利义务规定。项目用地条款通常包括土地的取得方式、土地费用问题、使用权限范围等。土地的取得方式一般为两种，一种是为了经济效率和便利原则，由作为签约主体的政府方取得土地使用权。另一种则是由社会资本方的项目公司取得土地权，政府在实施过程中负责协助项目公司办理土地使用权的取得。

关于土地使用权的费用问题，在政府方取得土地使用权的情况下，政府方可要求社会资本方支付涉及的费用。双方可以根据土地费用的性质、项目公司的实力、投资回报率等，预估其涉及的费用价格，双方在合同中约定一个预估价，项目公司对其进行支付。如超过预估价，则双方可以进行协商或决定由其中一方承担。关于土地使用权的限制，由于公私合作合同具有公益性的特点，行政主体不得就土地使用权进行对外抵押，双方还要在合同中明确约定，所涉及的项目土地问题不得进行转让或做其他用途。

3. 项目争议条款

公私合作合同内容复杂、运行周期长，在长达 20 多年的合作期内，合同的双方主体都不能保证合同不会发生争议，因此在公私合作合同中规定项目争议条款尤为重要。项目争议条款有助于明晰当合同发生纠纷问题时，适用哪种纠纷解决机制。但目前关于 PPP 模式的两份重要政策文件对合同纠纷解决还没有统一的规定，如发改委认为公私合作合同包含特许经营协议，属于行政合同。当发生纠纷时，可以采取行政诉讼、行政复议或协商解决和专家裁决。但财政部则认为公私合作合同属于民事合同，两者虽对争议解决的方式规定不同，但都肯定了专家裁决的争议解决方式，这是与普通民事合同的争议解决方式最大的不同。

从发改委与财政部发布的相关文件可知：对公私合作合同定性倾向不同，造成了实践中对其争议解决条款的约定也有所不同。因此，在合同发生争议时，纠纷解决机制该如何选择、法院对合同的定性该做出何种判决都未有明确的规定。由于在实践过程中出现的诸多问题，从而引发了对公私合作合同性质的激烈讨论。

（三）公私合作（PPP）合同的风险分担

公私合作合同的运营周期长、合同主体多元，正是由于公私合作合同如此复杂的属性，才会带来诸多的合同风险。虽然我国合同法对双方交易行为有明确的规定，但对于具体的公私合作合同在法律层面上还是有所欠缺，因此公私合作合同有很多法律和政策的风险。在合同履行过程中，政府方会因其强权优势、政府换届等客观因素，中止或单方变更合同内容，导致公私合作合同的失败，这些都是公私合作合同中政府的信用风险的体现。公私合作合同在具体的运行过程中存在很多风险，如融资风险、运营风险。正是因为这些不确定的各种风险，才导致了公私合作合同性质的诸多争议。

1. 风险分担原则

在公私合作合同中，应对诸多不确定风险因素，双方会根据合同具体运作情况，制定科学合理的风险分配表和不确定的例外情况附件说明。当上述分配表和附件条款产生歧义时，约定的分担原则就显得尤为重要，因此公私合作合同的风险分配过程中应考虑风险分担原则的应用。

（1）最具控制力原则

公私合作合同中的风险因素多样复杂，如法律风险、政府信用风险、建设施工风险、运营风险，等等。想要把各种风险都降低到最低限度，就要综合考虑各种风险的最有利规避方式。政府方负责政府信用风险、法律风险等风险形式，可大大减低风险发生的可能性，这是最具控制力原则的体现。社会资本方的项目公司负责公私合作合同的全流程工作，因此建设施工风险、运营风险等由社会资本方负责更能规避风险的发生。在公私合作合同中采用最具控制力原则，能科学、合理地进行风险的分配，将诸多不确定的风险因素控制在较低的状态。但诸如不可抗力等风险因素，双方均不具备最具控制的能力，则应对其风险进行其他约定或由双方共同承担。

（2）归责原则

“归责”二字在法律上被定义为风险发生时某种事实状态确定该归属谁的方式，归责原则是风险分担时可参考的原则之一。虽然公私合作合同的公法属性，使得双方主体在法律地位上可能处于不平等状态，但当一方（如政府）主体在履行合同过程中发生违约行为时，同样可适用无过错归责原则。因为双方确认的合同权利义务是在双方平等自愿的基础上进行协商签订的。这一原则适用于当合同发生风险时明确确定过错主体或违约方，但当无法界定风险因素该归属哪一方主体或双方主体均无过错时，则需要考虑其他原则来进行风险的分担。

2. 合理的风险分担机制

PPP模式运行周期长达数十年，其中涉及的法律关系、投资资金、合同风险等问题较为突出。合同风险问题如若没有进行合理的分配，将所有风险转移为政府方或者社会资本方承担的话，不但有失公平，还会加重风险成本的增加，甚至是导致整个公私合作合同的失败。因此，在公私合作项目中设立一个科学、合理的最优风险分配机制就显得尤为重要了。一个合理的风险分配机制要充分考虑各方因素，在双方主体之间进行合理分担，制定科学的风险清单、风险类别划分等机制。在具体公私合作合同实践中参照上述的分担原则和结合项目实际情况做出相应的风险分担措施。风险分担的合理性对PPP合同有着很大的影响，不合理的风险分配将有可能导致合同终止、社会资本方投资利益受损，引起合同纠纷等问题。

（四）公私合作（PPP）合同的运行机理分析

要研究公私合作的合同性质，首先要全面了解公私合作合同的运行机理，公私合作模式的运行机理是指公私合作合同从开始到终结的每个阶段的内容。国家发改委与财政部的政策文件中都有对公私合作合同的运行机理做出相应的规定，二者对于公私合作合同运行机理的规定侧重点有所不同，如财金〔2014〕113号文件第二章第九条指出："为了保障财政中长期可持续发展，财政部应对 PPP 项目全周期涉及的政府债务、财政支出等因素，进行物有所值评价、财政承受能力论证、绩效检测。"[①] 财政部文件中对政府审计介入的要求，正是经济法调节社会市场经济的体现。发改委〔2016〕2231 号文件总则第四条规定，"各级发展改革部门要加强协调配合，共同促进 PPP 模式的发展，国家发改委将加强指导和监督，促进 PPP 模式的稳步发展"[②]，发改委的这一规定正是国家宏观调控的要求。

1. 保障公共财政管理需要的公私合作

（1）项目识别阶段

项目识别阶段是指对项目进行初步挑选，着重选择市场化程度高、规模大、投资大、价格灵活调整的项目。项目识别阶段包括以下四个步骤：一种是作为公私合作合同的两方签约主体对项目进行征集或推荐，多以政府发起为主。政府发起时，由财政部门向其他单位（如交通局、住建局等）征集潜在项目。另一种是社会资本通过制作建议书的方式向财政部提交进行推荐。财政部门会同其他相关部门对项目发起阶段的潜在项目进行评定挑选，并进行项目的中期和年度发展计划，对列入年度发展计划的项目再次进行初步实施方案的编制。接下来，财政部门和有关部门本着控制成本、提高效率的目的，对上一步骤的初步实施方案从定性和定量两个方面进行物有所值评价。项目发起阶段的最后一步就是要进行政府财政承受能力论证即财政部要综合预判公私合作合同在整个周期内的相关财政支出以及政府债务，以保障公私合作合同运行过程中的财政可持续发展（见图 2）。

（2）项目准备

项目准备是指根据项目的实际情况，制定实施方案、建立项

---

① 参见财政部《关于印发政府和社会资本合作模式操作指南（试行）》（财金〔2014〕113 号），2014 年 11 月，第九条。

② 参见发改委《关于印发传统基础设施领域实施政府和社会资本合作项目工作导则》（发改投资〔2016〕2231 号），2016 年 10 月，第四条。

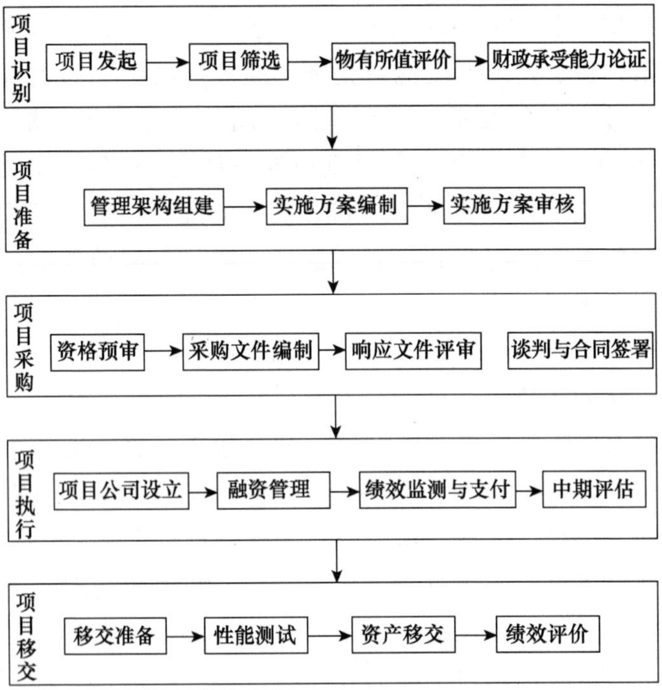

图 2　PPP 的操作流程

资料来源：财政部：《政府与社会资本合作模式操作指南（试行）》（财金〔2014〕113 号），2014 年 11 月。

目协调运作机制，并对实施方案进行资格审核，最终确定项目能否采用 PPP 模式实施。项目准备包括组建管理架构即县级（含）以上人民政府要建立专门的公私合作项目协调机制，该实施机构要根据项目的基本情况、交易方式、风险分担结构、采购形式、监管构架等内容，进行方案实施的具体编制计划。除了第一阶段进行财政论证外，该阶段同样还要进行财政承受能力论证后报政府审核。该实施方案如不能通过人民政府审核的，有一次重新调整实施方案的机会。调整后仍不能通过政府审核，将不再采用 PPP 模式。财政部文件对两个步骤都要求财政论证，正是经济法调节市场经济的政府审计介入的要求。

（3）项目采购

项目采购是指政府通过实施方案所确定的采购方式来挑选社会资本方的过程即一方主体选择另一方主体的流程。项目采购要通过资格预审，该环节的目的是验证项目是否获得充分竞争和作为签约主体的一方（社会资本）的响应。接下来的项目实施机构应邀请社会资本和与其合作的金融机构参与资格预审，资格预审结束后进行制定采购环节。项目采购文件应包括三方面：资信、资格以及业绩证明文件应由竞争者提供；采购邀请、采购方式、采购程序竞争者须知；实施方案的批复和项目相关审批文件以及政府对项目实施机构的授权、项目合同草案等。接着实施机构代表和评审专家5人以上单数要组成评审小组，对社会资本的响应文件进行评审。最后的谈判与合同签署是指在合同签署前有一系列复杂的程序要进行：首先是项目实施机构成立专门谈判工作组，谈判工作组除了要对采购结果进行确认外，还要依次与候选社会资本方进行谈判，在诸多候选社会资本方中挑选最能达成合作意图的一方进行合作。确认谈判完成后，双方签署确认谈判备忘书，在双方正式签署前，进行公示并经政府审核。[①] 以上就是谈判与合同签署的一系列流程。

（4）项目执行

项目执行阶段是指公私合作合同由之前的一系列准备阶段开始发展到实质性的开展融资、建设施工、投入运营等关键环节，包括项目设立、融资管理、绩效检测、中期评定等内容。项目进入执行阶段的第一步就是设立项目公司即社会资本发起设立，政府可指定相应机构参股，但政府不实际控股项目公司。对于项目执行阶段的融资工作，政府方的财政部门和实施机构对融资工作进行监督和管理，在合同履行过程中享有因融资不到位而提前终止合同的权利，项目公司则负责合同全周期的融资工作。实施机构进行绩效检测，考评项目公司的产出绩效指标。由于公私合同

① 秦玉秀：《PPP全流程操作实务：核心要点图解与疑难问题剖析》，中国法制出版社2017年版，第24页。

长达十几年的合同期，项目要求实施机构要在2—4年的周期内，考察合同运行状况、合同是否合规、是否合理的情况以达到中期评估的要求。项目执行阶段的政府方的角色开始转变，由最初的项目购买者转化为项目的监管者，拥有一系列行政特权，从该操作阶段可以看出PPP合同的公法属性。

（5）项目移交

项目移交，是指社会资本或项目公司在项目运营期满或根据合同约定将项目资产移交给政府方。公私合作合同的项目移交阶段包括以下几个步骤：根据合同约定，政府与社会资本确定移交方式和补偿形式后，政府的实施机构组建项目移交小组来进行资产性能测试方案。工作小组要按照其性能测试方案和项目制定的移交标准进行检测，没有达到移交标准的资产，社会资本方有责任对其维修、更新。接下来的资产交割环节是指社会资本方应将项目资产、知识产权、技术法律文件移交政府方，并保障项目移交过程中项目的平稳运营。最后在移交工作结束后，财政部门会同相关部门对项目产出、成本效益、PPP模式进行综合评比，并对结果进行公开，该结果可作为公私合作形式的工作参考依据。以上是财政部对PPP模式操作流程的规定，该规定侧重于公共财政管理的公私合作。

2. 保障公共事务治理需要的公私合作

根据发改委《传统基础设施领域实施政府和社会资本合作项目工作导则》（发改委〔2016〕2231号）的规定，发改委将操作流程分为准备、论证、选择社会资本方与执行四个阶段，与财政部发文不同一点是侧重公共事务治理。

（1）项目准备

项目准备包括纳入年度计划项目入库、纳入年度实施计划与确定实施机构和政府出资人代表四个方面。首先是建立地方传统基础设施PPP项目库，并将各地区的PPP项目库纳入国家发改委PPP项目库，只有入库的项目才能享受国家价格调整、政府投资红利、相关政策等。对于已经纳入发改委PPP项目库的项目，如果当年需要实施，则要纳入各地方年度实施计划。对纳入发改委项目库的项目则由政府部门或委托相关部门作为该项目的实施机构，政府鼓励以资本金的方式参与项目投资，设立政府出资人代表。发改委工作导则第五条指出："要重视发展规划、投资政策的战略引领与统筹协调作用，按照国民经济的总体规划、区域规划及相关政策，明确推广 PPP 模式的统一部署及具体要求。"[①] 政府制定各种计划和产业政策，并以此为依据，制定财政政策、税收政策等，政府的一系列政策手段便是宏观调控行为。发改委作为国家宏观调控的主体，在其职权范围内行使国家宏观调控权，正是 PPP 模式中国家宏观调控的体现。

（2）项目论证

项目论证是指对项目进行编制、审核、备案、审批、完善以论证该项目是否能采用 PPP 模式。项目论证的第一步是进行公私合作合同的实施方案编制，内容包括项目概述、挑选社会资本方、风险分担、监管措施、建设运营、移交方案、合同体系，等等。为了简化工作流程，涉及一般政府投资的项目，可以在可行性报告中设立专章，不再做实施方案编制。项目的审批应由具有审批权限的相关投资主管部门进行审批，审批后实施机构要对其实施方案进行完善。对于涉及重大投资的项目，政府还要对实施方案的投资概算和工程技术进行细化。实行核准制或备案制的投资项目，要向相应的核准或备案机关进行核准或备案。核准或备案后，实施机构要根据要求对实施方案进行修改和完善。公私合作合同的实施方案审查审批环节是指通过发改委部门和其他相关部门（如财政、规划、国土、价格、审计、法制）进行联合评审。如有必要，还可以事先进行专家评审或委托值得信赖的第三方机构进行评议，然后再进行联合评审。对于只在可行性报告中设立专章的一般性政府投资项目，在对可行性报告进行审批后一并审查。通过对项目论证阶段的介绍，能够看出在该阶段都是以政府方为

① 参见发改委《传统基础设施领域实施政府和社会资本合作项目工作导则》（发改委〔2016〕2231 号），2016 年 10 月，第 5 条。

主导，任何一个制定、审批、审核、备案，都要经过政府方的同意，才能进行下一步的操作。这也说明了 PPP 模式中政府方从开始就处于主导地位，并进行宏观调控权的管理行为。

（3）挑选社会资本方

社会资本方选择阶段，主要包括挑选社会资本方、合同确认谈判与合同签订等操作步骤。挑选社会资本方是指通过公开招标、邀请招标、竞争性谈判等方式，挑选具有投资实力雄厚、信用良好、专业水平较高、投资能力强等社会资本方，进行择优考虑成为合作伙伴；合同确认谈判是指实施机构组织谈判小组与候选社会资本方进行谈判，这也是最终确定社会资本方的关键步骤。谈判小组与中选社会资本方达成一致后签订确认谈判备忘录，并对合同文本和涉及的相关文件进行公示。

（4）项目执行

项目执行是指由最初的项目考察、挑选社会资本方等步骤，发展到项目公司设立、融资、建设、运营、移交等项目的实质操作过程。主要包括以下操作步骤和内容：社会资本方设立项目公司并对项目建设、融资、工程质量、工作进度等工作任务负责，而政府方仅有对融资起到监督的责任。政府方的实施机构要对社会资本方的运营情况做出绩效评价，社会资本方的回报也要与绩效评价的结果挂钩。在合同结束前的过渡期内，政府方的实施机构应与项目公司共同设立一个移交小组，一同商讨移交的工作安排。按照合同的约定，移交小组要对资产进行性能测试和评估，确保项目处于良好的运营状态。最后，地方政府或相关部门应对项目整个周期的运营情况、社会反馈、影响等进行项目后评价，并及时把相关评价反馈给利益相关方。

综上所述，公私合作合同的运行机理都涉及了国家宏观调控中的各类经济政策以及宏观调控手段在该模式中的运用。对财政部和发改委的两个政策文件中的运行机理分析可知，财政部和发改委都对合同的发起、合同双方主体的权利义务进行了规定，对项目执行阶段的工作内容也做出了相同的规定。但两个部门的职能决定了文件的侧重点不同：财政部强调资金管理，用物有所值来进行控制；发改委强调项目管理，用强制竞争性要约即招投标来控制。如财政部的文件更多是重视项目的财政承受能力论证、政府采购环节的规定，而发改委的文件则要求项目倾向于政府为主导，从项目的制定、审批、审核、备案，都要经过政府方的同意，才能进行下一步的操作。这也说明了 PPP 模式中政府方从开始就处于主导地位，并进行宏观调控权的管理行为。该原则要求政府作为公私合作合同的一方主体，在合同运行过程中需主动作为，以期为社会市场经济活动提供一个健康的竞争环境。虽然两个部门的文件规定侧重点不同，但都是国家宏观调控手段在 PPP 模式中的运用，也是当代市场经济国家的综合协调型宏观调控的体现。[①] 通过对公私合作合同性质的运行机理分析，可以看出国家对市场经济的宏观调控行为，也是公私合作合同中的经济法性质的体现。

三 领域法学视角下公私合作（PPP）合同的法律调整对策

（一）以“问题线索”理解合同性质

领域法学是经济法学“问题意识 + 对策建议”学术脉络的延续，经济法学代表性学者杨紫煊、刘文华、李昌麒、漆多俊、史际春等学者均强调学术研究的问题意识。领域法学最大的特点是不局限于法律部门进行法律适用，而在于以问题为线索，综合部门法进行法律调整。[②] 本节将在领域法学视角下，论述不同部门法学视角下对合同性质的定性，得出本文的观点即公私合作合同的性质应定性为公私融合一体多面的经济法性质，并在下节内容中

① 史际春、肖竹：《论分权、法治的宏观调控》，《中国法学》2006 年第 4 期。

② 刘剑文：《论领域法学：一种立足新兴交叉领域的法学研究范式》，《政法论丛》2016 年第 5 期。

提出进行民法、行政法、经济法的综合调整对策和合同性质的法律监管完善对策。

1. 领域法学的提出

在全面深化改革背景下，诸多领域的经济问题不断表现出交融性、综合性的特点，但法学学科还处在细密分工的部门法来调整社会经济领域的阶段。面对越发复杂的法律现象，以单一学科角度来看待重大领域下的社会经济问题已很难做到全面的调整，现以问题为中心的多角度、综合性、全面一体的研究范式越来越受到学界的关注。

领域法学是融合经济学、政治学、社会学等研究范式于一体的新兴法学学科体系、学术体系[①]，把特定经济领域中与法律相关的全部现象作为其研究对象，突出以“问题意识”作为方向。领域法学作为一门新兴法学学科体系具有交叉性、整合性、应用性、开放性等特点。各个部门法之间同源而又相互补充，因此领域法学往往采用部门法学的研究方式、研究手段等，但不同的是领域法学突出“问题意识”，是其在新兴重大领域的“诸法合一”有机结合的体现。公私合作合同中的民法属性、行政法属性、经济法属性，正是体现了各个部门法在重大经济领域中的交叉融合。利用领域法学的研究范式，更能从合同性质的问题意识出发，对公私合作合同的法律性质有一个更为合理、科学的定性。

法学这一学科担负着推动国家法治化进程的重大使命，面对经济快速发展过程中的重大领域的各种复杂的经济问题，领域法学可以为其提供科学的指导。如领域法学在横向上调整法律部门的诸多要素，可以有效避免不同法律部门之间的效力问题带来的冲突。而领域法学在纵向上与其他学科之间的关系，更有益于增进学科之间的联系，对问题意识有一个更为立体的研究空间。领域法学是对传统部门法学的突破和完善，有助于消除学科边界，

① 解志勇：《法学学科结构的重塑研究》，《政法论丛》2019 年第 2 期。

加强重点领域立法，以便更好地和当前的改革政策相匹配。[①] 采用领域法学视角研究公私合作合同的法律性质，面对合同中公私属性的交叉性、融合性、特殊性，采用民法、行政法、经济法的综合调整对策，有助于消除学科壁垒，减少公私合作合同在实践中的争议。

2. 公法与私法二元视角下公私合作（PPP）合同性质比较

《财政部关于印发政府和社会资本合作模式操作指南（试行）的通知》（财经〔2014〕113 号）中规定，“在项目具体实施过程中，项目实施机构、项目公司可就无法协商的纠纷问题进行民事诉讼或仲裁”，从该规定中可以看出，财政部倾向于认定公私合作合同为民事合同。但《行政诉讼法》第 12 条、《行政诉讼法司法解释》第 11 条的相关规定则认为其属于行政合同。在没有统一 PPP 立法、相关文件之间模糊又冲突的背景下，学界对合同性质的认定存在着诸多争议。通过对公私合作合同性质文献的研究可知，学界对合同性质的争议主要集中在公私二元视角下对合同性质的认定。

（1）从公法视角对合同性质的定性

行政合同是指行政主体为达成某种经济目标或履行行政职能，与另一方主体进行平等磋商以期建立行政契约法律关系。[②] 由于公私合作合同的一方主体涉及行政部门，在公私二元视角下的大陆法系国家都将此合同称为“采购合同”。据此，大部分行政法学者倾向于认为公私合作合同是行政主体借助契约手段以实现经济目标的行政合同。江必新等学者认为，行政合同在政府行政管理领域中是普遍存在的，如政府特许经营领域。[③] 此外，作为公私合作合同的一方主体，行政部门享有变更权、终止权、监督权等一系

① 刘剑文、胡翔：《“领域法”范式适用：方法提炼与思维模式》，《法学论坛》2018 年第 4 期。

② 张树义主编：《行政法学》，北京大学出版社 2005 年版，第 67 页。

③ 江必新：《中国行政合同法律制度——体系、内容及其构建》，《中外法学》2012 年第 6 期。

列优势权力，而这些优势权力的来源是基于社会效益的需要。基于公私合作合同的一方主体的行政性，合同权利的特权性以及合同标的的公共性，更多的行政法学者更多坚信，公私合作合同属于行政合同。

公法视角下对合同定性为行政合同的理由如下：其一，由于政府方享有某些优势权力，说明在其合同关系中双方的法律地位是不平等的。虽然是以借助私法合同的形式来实现合同目的，但不可否认的是政府方作为合同的一方主体依然是属于强势地位。其二，公私合作合同中政府方享有一系列的行政优益权，如变更权、中止权、监管权、终止权等权力，这些行政优益权是区别于一般的民事合同。公私合作合同的标的为国家公共基础设施、公共产品、公共市场的所有权及经营权，标的的特殊性决定了合同目的是维护社会公共利益、协调公共资源。①

从上述分析看，行政合同说似乎可以揭示公私合作合同的法律性质，但从理论界定性标准看，我们会发现行政合同说理论的缺陷。从理论界对行政合同的认定标准来看，理论界并未达成共识。我国理论界对行政合同的认定标准有如下几种学说：一是认为合同是否以执行公务为工具来认定其为行政合同，认定标准为是否是执行公务的行为；二是认定一方主体为行政主体的形式标准下，结合发生行政法律关系的产生、变更、消灭等实体事实下，认定其为行政合同；三是指双方主体即行政主体与行政相对人的意思表示而成立合同关系。以上三种认定手段在理论界并没有一个统一的认定标准，在对行政合同的认定没有形成确定标准之前，仅以各个行政法学者的观点，作为行政合同的认定标准来判定公私合作合同属于行政合同是缺乏理论基础的。

因此，仅以合同主体和主体权利这一个侧面来认定复杂的公私合作合同是不够的，面对如此复杂、特殊的公私合作合同，应从多个维度加以解析。

---

① 江国华：《政府和社会资本合作项目合同性质及争端解决机制》，《法商研究》2018 年第 3 期。

（2）从私法视角对合同性质的定性

虽然公私合作合同具有公共性、公益性等特征，但是部分民商法学者并不认为其特征是影响认定民事合同的因素。民商法学者认为合同的私法属性是认定为民事合同的标准，绝大多数民商法学者并不认可行政合同说。他们认为认定公私合作（PPP）合同的民事合同性质，要抓住公私合作合同的本质是民事交易行为。他们认为，在整个公私合作合同的具体操作流程中，虽然一方主体为行政主体，但是合同的本质还是双方的交易行为，[①] 这是符合民事合同的要求。

私法视角下对合同定性为民事合同的理由如下：第一，公私合作合同的双方主体在法律地位上是平等的。虽然在公私合作合同实施前有一系列的程序要进行，如项目审批、具体实施计划的审批、质量标准的认定等。但在审批完毕后，双方对公私合作合同都认可的前提下，双方进行合同的签署与否不受任何行政强权的干涉，政府方与社会资本方都是在平等自愿的基础上建立合作关系。第二，公私合作合同的双方主体的权利义务对等。公私合作合同要求行政主体与私人主体要合理进行风险分担，科学分配双方的权利义务内容。在公私合作合同中，社会资本方要按照合同约定，对项目的建设、维修、运营、融资负责，以实现公共基础设施或服务的目的。政府方虽对公私合作合同享有检查、监管等权力，但行使该权力的前提是涉及社会公共利益的需要。双方的权利义务对等分配机制符合民事合同的特征。

本文认为，民事合同最突出的特点是平等自愿、等价有偿，而上述认定为民事合同的理由并不能完全揭示公私合作合同的本质属性。将公私合作合同认定为民事合同，不能完全体现民法追求平等的理念。虽然双方在进行合同的谈判与签署环节的地位是平等的，但如前一个章节所述，公私合作合同的政府方主体是具有三重角色即监管者、付费者、合同者。当行政主体扮演监管者角色时，对合同进行变

① 周兰萍：《PPP 的法律性质何在》，《施工企业管理》2014 年第 9 期。

更或终止时，社会资本方是处于不平等的地位，这显然不符合民事合同的要求。上述认定为民事合同的理由，是割裂了政府方的三重角色，仅以政府方作为购买者来看双方的法律地位，这种认定手段不能完全揭示公私合作合同的法律性质。

3. 公私融合一体多面的经济法性质

理论界和实务界对公私合作合同性质的争议，主要是依据公法和私法二元体系理论，将其认定为行政合同或民事合同。但传统的二元视角也在不断遭受理论的非议和实践的冲击，显然，将公私合作合同性质采用公私二元视角的定性已不能自圆其说。我们必须认识到，公私合作领域还涉及了大量经济法问题，需要增加经济法视角对合同的性质进行研究。正如张守文等学者认为，公私合作合同的公共性，正是经济法所追求的价值目标。[①] 因此，本文认为公私合作合同更符合经济法的价值取向，应从经济法角度界定，在肯定公私融合的复杂性基础上，定性为公私融合一体多面的经济法性质。

（1）公私合作（PPP）合同的复杂性

公私合作合同的制度目标是实现公共物品的提供，而这种公共物品的提供是通过社会主体参与来实现的，这是经济法上公共性的重要体现。而公共性的另一个表现则是社会主体向公众提供公共产品或服务，实现社会效益。公私合作合同所对应的公共产品，与私人产品显著不同的特征是不具备私人产品的竞争性、排他性，也就是个人独占性。因为公私合作合同通常是为生产公共产品、提供公共服务而签订的协议，这说明了公私合作合同具备社会效益性的因素，[②] 社会效益性要求作为公私合作合同的一方主体要承担公共产品服务的义务。在行政部门资金有限的前提下，需要组织私人部门提供公共产品，但最终目的是实现公共利益，合同的履行应以完成社会公共目标为准则，同时实现另一方私人主体的合同收益，该社会效益性是其合同复杂性的特征之一。

---

① 张守文：《PPP的公共性及其经济法解析》，《法学》2015年第11期。

② 江国华：《PPP模式中的公共利益保护》，《政法论丛》2018年第10期。

公私合作合同的复杂性还体现在其公法因素中的行政特权原则，行政特权是基于公共利益的需求而在公私合作合同中应运而生的一种形态，根据公私合作合同的概念可知，公私合作合同的本质目标是生产具有公益性的公共产品。作为签约主体一方的行政主体没有相关特权的话，合同可能会受民法原则的过度干扰而影响合同目的的实现，因此法律允许行政部门在维护公共利益的前提下，对合同进行监督、变更、终止等。而对于普通合同而言，法律要求在不违背法律法规的前提下，按照双方约定的意志履行合同权利义务，该原则是行政法在公私合作合同中的体现。

民法中的私权原则也是其合同复杂性的体现，如诚实信用原则、私权原则对行政主体行使行政特权时的约束。私法原则中的诚实信用在公法领域也同样适用，行政主体在合同履行过程中享有单方面的变更、解除等权力是我们不可回避的，但这些特权的行使并不是必要的，除非为了社会公共利益的需要。[①] 在公私合作的实践中，行政主体违背诚实信用原则，侵害社会资本方的利益的案例司空见惯，这也是私法原则受到行政特权压制的一种体现。根据保护私有产权原则，明确公共基础设施的产权，才能保障私营主体的合同收益，带动社会资本方的投资积极性。换句话说，保护私有产权也是对行政特权的一种对抗。

综上所述，公私合作合同中所蕴含的公共性、社会效益性、行政特权、私权原则等内容，正是其公私融合一体多面性质的体现。

（2）公私合作（PPP）合同的经济法属性

其一，公私合作合同符合经济法的价值取向。经济法的价值取向是指经济法在追求法律秩序过程中要遵守的基本准则，社会效益是经济法的价值取向。[②] 亚当·斯密认为社会效益和个人效益是一致的，社会效益的最终实现是个人效益的集合，民商法的个人本位、意思自治都是基于个人效益理论而来。民商法的价值取

① 湛中乐、刘书燃：《PPP 协议中的法律问题辨析》，《法学》2007 年第 3 期。
② 史际春、邓峰：《经济法总论》（第二版），法律出版社 2008 年版，第 138 页。

向是追求个人效益的实现，从而间接实现社会效益。经济法从成立以来，就以社会效益作为其价值取向，以弥补民商法的不足。社会效益要求经济主体所追求的效益必须以社会效益为最终目标，以整体社会效益为评价标准。公私合作合同的合同目的是实现国家基础设施建设或提供公共服务产品，该合同最终目标是实现整体社会效益，其合同目的是符合经济法社会效益的价值取向。另外，在PPP模式运行过程中，政府方除了作为履行合同的合作者以外，还要通过一系列的竞争机制和监管手段来调整其法律关系。这一经济主体（政府方）的适当干预行为，也是经济法价值取向的体现。

其二，公私合作合同体现的法律关系符合经济法的调整对象。经济法作为法律体系中的一员，与各个部门法之间有密切的联系。民法、行政法、经济法之间是相互交叉又各自独立的法律部门，[①]它们之间的交叉关系正是体现在经济法的调整对象兼具了民法调整的法律关系和行政法所调整的法律关系，涵盖了横向和纵向的法律关系。公私合作合同是以政府意愿为主导而开展的合同，可以看出PPP模式是国家干预经济管理活动的一种方式，反映了政府作为特殊主体（合同者、监管者）与另一经济主体之间的兼具民事与行政的经济法律关系。

其三，公私合作合同是政府为实现一定经济目标，对经济进行指导和宏观调控的结果。在经济新常态背景下，面对有限财政资金与基础设施建设需求加大的困境，政府为了实现经济目标，与社会资本进行合作。这种公私合作合同显然与个人本位原则下的民事合同，以及体现政府行政管理的行政合同有所区别。另外，要准确界定公私合作合同的法律性质，就要综合考虑其目的、手段等要素。[②] 公私合作合同的公共性要求行政主体与私营主体合作的目的是提供更好的公共产品，以解决市场失灵的问题，而提供这些公共产品的手段就是综合运用经济法上的各种政策和监管保障。据此，基于以上几个要素，从整体和动态的维度来看待公私合作合同，将其定性为经济法的性质是更

① 王保树：《经济法原理》，社会科学文献出版社2004年版，第30页。

② 张守文：《PPP的公共性及其经济法解析》，《法学》2015年第11期。

为合理、科学的认定。

（3）公私融合一体多面的经济法性质的总结

公私合作合同是一揽子的协议文本和多方的履约主体，法律关系十分复杂。由于其自身的特点，以公法与私法二元视角划分为民事合同或行政合同是不能完全说明它的合同性质，应该科学辨析合同双方产生的几种法律关系。公私合作合同一方主体的多重角色就意味着政府方和社会资本方基于基础设施的建设，形成了对于公共产品的买卖合同关系。政府方对项目进行监管、检查、价格制定，行政主体与私营主体形成了管理与被管理的关系。合同双方主体之间的两种关系则是公私融合一体的体现，经济法是国家调节经济的法律，所调整的对象是政府调节经济活动过程中的各种法律关系。公私合作合同中的公共性、行政特权与私法原则的相互约束等复杂的合同特征是公私融合一体多面的体现，其合同目的所追求的社会效益更是经济法的价值取向。总之，对公私合作合同性质的认定不能仅仅局限于合同静态文本或动态运行的某些片段或侧面，应跳出传统的“行政与民事”的二元视角，从更高层次的 PPP 模式的整体进行分析。在肯定其公法属性和私法属性的基础上，将公私合作合同定性为公私融合一体多面的经济法性质更能全面地说明其复杂的特征，不失为一种更为合理、科学的定性。

（二）民法、行政法、经济法的综合调整

经济法作为法的体系大家庭中的一员，同其他部门法既有区别又有密切联系。分清其区别，才能进一步明确经济法的性质和所处的地位；认识各个部门法之间的联系，才能在立法和实施中综合发挥各自的调节功能。[①] 各个部门法之间的联系，表现在性质和轻重程度上的互相衔接、某些做法的互相交叉和互相参用。[②] 这是因为各部门法在任务和所调整的社会关系方面，本是互相关

① 漆多俊：《经济法基础理论》（第三版），武汉大学出版社 2001 年版，第 74 页。

② 史际春、邓峰：《经济法总论》（第二版），法律出版社 2008 年版，第 127 页。

联的。

民法和经济法在法律关系调整中相辅相成。经济法的主要任务是维护宏观上的平衡和实现自由公平的经济秩序，而民法恰恰是要在自由公平的秩序下对活动参与主体的行为进行规范。[①] 民法上的某些规范也适用于经济法调整下的国家经济调节关系，如民法中关于所有权的规定，在经济法调节财产关系时可以适用民法中的相关规定；民法中有关合同方面的规定，在经济法调整国家与其他经济主体之间的关系时，同样可以适用民法中的具体规定。特别是在实行市场经济体制条件下，国家对社会经济的调节往往更多地采用民法的范式，以国家这种特殊民事主体身份同社会上的有关主体发生经济关系。

行政法与经济法在具体经济关系中也是密不可分的，行政法的基本宗旨是达到廉洁高效下的依法行政的目标，经济法本质上是限制政府滥用权力之法。[②] 但经济法的内容除了经济行政外，还涵盖了产业政策的制定与执行、金融调控以及政府参与市场经济活动等传统上不属于行政法范围的内容。

经济法理念比民法、行政法等法律理念更加鲜明地体现了整个法理念的社会化新时代特征。在现代经济法律调整体系中，民法、行政法是作为基础性调整，经济法是在此基础之上的补充性二次调整。将公私合作合同定性为公私融合一体多面的经济法性质，是对公私合作合同性质较为合理、科学的定性。但如果没有统一的立法原则和理念进行指引，公私合作合同在法律适用和合同定性上还是会有所矛盾。因此，在对合同定性为公私融合一体多面的经济法性质后，需要各个部门法综合调整，以便更好地指导政府与社会资本合作。

1. 民法侧重保护民事权利和民事主体的真实意思表示

随着市民社会的不断发展，民法观念逐渐渗透到市民生活之中，民法理念的形成与市民社会的发展是分不开的。民法作为私

---

① 漆多俊：《经济法基础理论》（第三版），武汉大学出版社 2001 年版，第 114 页。

② 史际春、邓峰：《经济法总论》（第二版），法律出版社 2008 年版，第 128 页。

法，最重要的原则就是保护平等主体的民事权利和尊重真实意思的表示。民法的根本目的是对平等主体的民事权益的保护，从而维护社会经济秩序的有序发展。民事权益的实现要得益于民法对民事权利的保护，没有保护就没有权利。意思表示真实则是指民事主体做出对民事权利和民事义务产生、变更的意思表示，且该意思表示与其内在想法相一致，意思表示真实是民法意思自治原则的要求。

公私合作合同的公私融合一体多面性质中私法因素体现在民法中的平等、公平、意思自治、诚实守信等法律原则，在综合调整视角下，对民法制度完善应体现在如下内容：

公私合作合同的制定目标是提供更好的公共产品，这是公私合作合同中公共性的体现，但在保障社会效益实现的前提下，社会资本方的合法收益也同样不容忽视。其一，保障社会资本方的合法效益是保护其民事权利的体现，在民法调整中应保护社会资本方的民事权利。在社会资本方实现了公共产品的建设且保障项目高质量运营的前提下，政府部门和社会资本方在项目进行移交环节，应及时、主动地实现项目费用的给付，以保障社会资本方合法效益的实现。此外，在公私合作合同中，社会资本方负责项目的建设、融资、运营等，在履行签订项目的某些手续时，政府方应该协助社会资本方进行审批的工作，保护社会资本方的民事权利，共同协调公私合作合同的顺利开展。其二，公私合作合同虽然一方主体为行政部门，但合同的签订最终还是需要双方主体通过合意的方式来实现权利义务的分配，公私合作合同要充分体现民法中的平等交流、沟通磋商、自由选择等精神。虽然行政主体享有部分行政特权，私营部门要在该优势特权下做出选择，但这种妥协并不是绝对的，私营部门在合同的签订过程中依然可以做出真实的意思表示。为了保护社会资本方真实意思的表示，民法调整视角应注意在合同谈判和签署阶段，通过相关法条明确公私合作合同中双方在签订合同阶段的法律地位是平等的，为磋商合同所做出的意思表示是必须是真实的，对该意思表示要进行相应的保护和尊重。其三，民法中的公平原则要求公私合作合同中的行政主体在与社会资本方进行谈判时，必须遵循商业规则中平等自愿的要求，不得使用行政特权或妨碍社会资本方做出选择，应在民法制度上为公私合作合同建立一个平等的准入条件与公平的竞争秩序。

公私合作合同中的私法属性需要民法进行调整，而民法调整的视角应从民法这一部门法的基本原则和结合公私合作合同的私法属性出发，以便更好地实现公私合作合同的法律保障。

2. 行政法侧重对监管的秩序和有效

行政法指的是行政主体行使行政职权和行政主体接受行政法监督过程中产生的各种法律关系，主要包括行政职权的主体、行政权的分工与制定、行政权的行使范围或与行政权相关联的方式、对公民利益的维护与救济等内容。《行政诉讼法》第 12 条第 11 项规定，涉及政府特许经营协议、土地房屋征收补偿协议的，政府部门对于上述合同没有依法履行或违约履行，甚至是不依法进行变更或解除行为，将纳入行政诉讼案件处理。可以看出，目前我国立法已经对公私合作合同做出一些规定。在我国依法治国的背景下，对公私合作合同的监督和管理也要有法可依，面对市场经济不断变化的新形势，应该加快建立公私合作合同的监督管理法律体系。前述公私融合一体多面综合性质中的公法因素体现在行政特权对私权原则的约束，在综合调整视角下，对行政法的制度完善应体现在如下方面：

第一，从行政特权原则在公私合作合同中的行使来看，行政主体在行使行政特权过程中会导致社会地位高于另一方主体，因此在公私合作合同实际运行过程中，经常出现行政主体漠视另一方主体意思表示的情形。如在合同进行审批的过程中，政府方在审批时会对合同提出一些不合理要求，导致在合同实际操作过程中社会资本方无法达到政府方要求，而导致合同中止或其他情形。为了避免此类情形发生，行政法调整视角应增设规范行政权力的行使、明确双方主体交往边界、对合同内容进行实质审查等法律规定。如在公私合作合同实际操作过程中，行政主体滥用行政权力导致另一方主体的意思表示不真实，应该责令行政主体进行限期改正或是消除不利影响。行政主体造成的不利后果达到情节严重或是造成巨大经济损失时，则应该对其进行相应的行政处分；对公私合作合同进行法律监管体系的完善，还应体现在明确双方交往的边界，杜绝行政主体与私营主体之间违法乱纪、贪污受贿的行为。面对以上两种不利情形，加强对公私合作合同的监督和管理，更应该注重合同的实质审查和备案手续，未经实质性审查的公私合作合同，则应考虑合同的效力问题。

第二，行政法的制度完善还应体现在明确监管部门和权限的规制上，须对国家主管部门及各级主管部门的职责进行细化和充实。从国家践行 PPP 模式来看，PPP 模式的主管部门为财政部门和发改委最为适合。本着解决国家债务的任务，应由财政部门负责牵头，联合发改委、交通部、水利部、建设部等组成联合会议制度。① 该联席会负责讨论公私合作过程中的普遍性问题和制定公私合作的具体实施细则。联席会要针对财政部和发改委的实施机构范围不一致的问题，做出一个具体明确的范围规定，以解决实践中对实施机构选择混乱的问题。根据国家主管部门的设置，PPP 模式的主管部门应为地方各级财政部门，地方财政部门要与发改、交通、水务等部门共同负责公私合作合同的评估、管理等工作。无论是国家主管部门还是地方主管部门的决策都要合理、科学，避免因随意决策造成社会资本方的合法权益受损或公私合作合同的夭折。除此之外，行政主管部门还要对公私合作制度和公私合作项目进行社会公示，以便社会资本方更好地挑选适合的公私合作项目进行合作。行政主管部门还应对政府方和社会资本方的合作信息进行披露，从而对双方形成有效的监督和约束。

综上所述，只有对公私合作合同进行行之有效的监管，才能更好地应对不断变化的经济新形势，增加社会资本方的投资热情，

① 王兴钊：《专注成就专业——访〈政企合作（PPP）：王守清核心观点〉第一作者王守清》，《项目管理评论》2017 年第 3 期。

促进公私合作模式更好地发展。

3. 经济法侧重公私合作的政策促进

国家调节社会市场经济往往采用国家直接参与经营管理或国家进行强制干预手段，但现代国家调节社会经济的方式还有政策促进。[①] 换句话说，就是给市场经济活动提供支持、指导、帮助等相关政策扶持以促进社会市场经济良好地发展。经济法上的宏观调控指的是采取一些强制性手段或政策促进等方式对社会市场经济进行调节。经济法上的宏观调控不仅要求对这些制度政策的促进，更是希望这些方面都能综合运用以更好地调节市场经济活动。

PPP 模式是公共部门与私营部门之间达成提供公共物品的制度安排，涉及公权力的行使与社会利益的促进，具有突出的公共性。公私合作的公共性不仅与其经济法目标和理论基础内在一致，也决定了其合作模式在合同实际运行过程中要遵守公开、公平、公益等重要法律原则。因此，政府方应在公私合作全周期内担负起保障与促进的职责，加强 PPP 项目的政策扶持，从而增加社会资本方的投资热情。在综合调整视角下，对经济法的制度完善应体现在金融、财政、税率、价格等方面，以促进社会资本方的投资热情，从而提高公共产品的质量和效率。

首先，公私合作合同运行过程中，面临的一大难题就是项目的融资问题。公私合作合同的运行周期长，投资风险充满了诸多不确定性，项目的涉及面较为复杂，私营部门的投资成本较高。私营部门只能向银行贷款以筹集项目资金，在银行进行贷款过程中，还需要支付一部分的投资收益给项目投资方，使得原有的项目管理结构和合同形式更加复杂。据此，为了公私合作合同的融资问题得到解决，经济法上应该提出相应的政策扶持。如金融机构应该进行制度创新，根据 PPP 模式的合同特点，进行专门的金融服务，从原有的以考虑主体信用的融资方式转为看重项目自身的现金流方式的融资形式。除了解决公私合作合同的融资难问题，

① 漆多俊：《经济法基础理论》（第三版），武汉大学出版社 2001 年版，第 350 页。

在财政方面，国家还应该提出相应的基金扶持政策，如设立 PPP 融资项目基金。在税收方面，国家应加快出台关于公共设施建设的优惠政策，降低相应的税率，以吸引更多社会资本方进行公私合作。

其次，除了对公私合作合同进行政策扶持外，在经济法制度上还应重视价格监管。在多数的 PPP 模式中，社会资本方享有对公共产品定价的权利，而价格的高低不仅是社会资本方追逐的核心利益，还与社会公众的利益切身相关。因此，价格监管应是 PPP 模式的重要环节，经济法制度上对价格监管制度的完善应从以下三个方面出发：健全价格监管法律体系、实行上限监管的试点、完善价格监管程序。PPP 模式涉及的行业较多，各个行业的价格构成要素也不尽相同，因此有必要在各个行业制定特别办法，以便更科学地对各个行业的价格进行监管；上限监管不仅能给社会资本方带来高收益，同时也会带来很多高风险。因此，上限监管的手段应该选择在有保障的部分行业进行试点，根据试点的结果考虑是否在全国的公私合作合同中推行；价格监管程序是价格监管中最重要的一环，除了要如期进行价格决策的听证会外，还要注重公众的参与度，在进行价格制定时多征求公众的意见以实现价格制定的可接受性。

对上述公私合作合同的各种政策扶持，应以经济法的具体法律规定为依据。在公私合作的各个阶段进行价格、财政、金融等方面的政策扶持，一方面可以增加社会资本提供方的参与积极性，从而实现提供高质量、高效率的社会公共基础设施。另一方面，在实现公共利益最大化的前提下，还可以促进国家经济发展模式的转变，从而实现经济平稳增长的目标。

综上所述，PPP 模式在我国的发展前景对研究该模式的重要性不言而喻，但其模式在实践先行的过程中也暴露出了种种问题，如前述的合同性质的争议问题。因此，如何进行公私合作合同的综合法律调整显得尤为重要。为了解决实践中合同性质争议的问题，应从民法、行政法、经济法等多学科的互补角度出发，本着协调公私利益、社会利益最大化，对公私合作合同进行综合法律调整。

（三）基于公私合作（PPP）合同性质的法律监管完善对策

本文将公私合作合同认定为公私融合一体多面的经济法性质，且对合同性质的认定不能机械地理解和进行法律适用，而是要结合 PPP 模式运行过程中遇到的问题，从经济法的角度来考虑 PPP 模式的长远发展。因为是综合性的视角，所以相关法律监管对策也是综合性的，重在解决公私合作合同在实践中的具体问题。

1. 公私合作（PPP）合同的法律责任原理

法律责任是指通过一系列补偿、惩罚等手段来保护法所确认的利益，减少违法行为的发生，恢复被破坏的法律关系的一种纠错机制。在不同的历史阶段或是法律部门，法律责任所表示的含义都是不同的，刑法上的法律责任是指实施犯罪行为而应承担的法律责任，如主刑或附加刑。经济法上的责任则是指违反经济法义务或不正当行使经济法权利的行为而应当承担的代价。经济法上的义务是指行为主体（包括国家经济管理主体和被管理主体）在国家经济调节中必须依法实施调节和管理，违反这些义务将给国家经济、社会或者具体的社会组织、个人的经济利益造成损失。各个部门法法律责任的区别，关键在于其所追求的目的不同。要准确认定经济法的法律责任，就要跳出传统法律责任形式来看，经济法的法律责任不仅要求对法律主体不利后果的承担，更是要求要最大限度地弥补造成的社会损失。

第一，基于经济法的法律责任要求，公私合作合同的法律责任不仅是不局限于法律主体的不利后果，而且是最大限度地弥补造成的社会损失。根据这一要求，在 PPP 模式中应对投资者利益进行保护和设立补偿机制。在 PPP 模式中对政府方与作为社会资本方的投资者而言，本就拥有诸多优势权利。面对经济法责任的要求，对弱势地位的社会资本方有必要强调投资者利益保护机制，给予项目公司足够的自主经营权、合同违约救济权等权利。另外，从司法实践来看，作为合同一方主体的社会资本方起诉行政主体的诉讼案件很少得到支持，大多是以涉及公共利益为由不了了之。这样不仅会造成社会资本方的合同利益受损，也会大大减少潜在的社会投资者的投资热情。为了最大限度地减少社会的损失以及从PPP模式的长远考虑来看，在PPP模式中应该赋予社会资本方事前知情权、单方中止合同的告知权等权利。除了通过赋予社会资本方权利的方式来弥补损失外，还要通过其他方式来最大限度地弥补损失。当合同出现纠纷或争议时，本着合同继续实现的目的，应更多地采取沟通、协商的方式，促进合同继续履行，更好地实现高效率、高质量的公共基础设施建设。

第二，公私合作合同是一揽子的协议文本和多方的履约主体，因此法律主体不能局限于合同签字方。要合理界定公私合作合同的法律责任，就需要把涉及的履约主体全部纳入法律调整的范围。PPP模式的出现是对公共基础设施和公共产品服务生产方式的转变，这种模式是政府部门选择社会资本方作为合作伙伴，并与之进行风险共担、收益共存的合作模式。该模式涉及的主体不单是政府方和另一方签字主体，而是应该囊括公共产品的最终消费者——社会公众，为公共基础设施的建设方、运营方、融资方等所有履约主体。虽然PPP模式中核心主体是政府方和项目公司，但PPP模式的最终实现都是靠所有上述主体之间的互通互动，因此需要把所有履约主体都纳入法律调整的范围。这样不仅可以保护所有主体的合法利益，而且更能明晰各个主体的权利义务分配，减少合同的纠纷。

2. 公私合作（PPP）合同与特许经营协议的协调

特许经营是特定行业的市场准入，体现了政府对公共利益项目的监督管理，在授权和监管的同时，引入平等协商的因素。公私合作合同是基于平等合作的理念，引入社会资本，解决公共事业领域资金不足的难题，包含了政府的监管等行政管理因素。二者不同之处在于适用范围上，目前特许经营主要为能源、交通运输、水利、环境保护、市政工程等基础设施和公用事业领域。而公私合作合同除此之外，还涵盖了养老、医疗、文体、保障性住房等领域。但二者的本质均是市场化机制在公共服务领域的引入，通过项目发起、可行性等论证、社会资本选择、合同签订、后续建设运营和监管等一系列程序选择社会资本并监督其实施。清华大学王守清教授认为："无论如何定义公私合作合同与特许经营协议，我国百分之九十的 PPP 项目本质上属于特许经营。"发改投资〔2014〕2724 号文指出特许经营是 PPP 实施方式之一，目前国内 PPP 模式也主要是通过特许经营的方式实现的。

作为特许经营协议的一方主体（政府方）在合同中有双重身份，既是项目的发起者，又是项目的监管者。这个身份的切换使得合同法律关系极其复杂，在合同谈判签署环节，政府方作为一方主体与社会资本方进行项目的磋商与签订，双方基于平等的法律地位，形成了民事法律关系。在合同运行过程中，政府方要对项目的建设、融资、运营进行监督管理，双方形成了行政法律关系。在合同进行财政承受能力论证以及审计环节时，双方又是基于经济法关系上的宏观调控行为，其合同的最终目的是实现公共基础产品的供给，具有公共性，是经济法的价值取向，特许经营协议也并非单纯的民事合同或行政授权。据此，将特许经营协议也同样定性为公私融合一体多面的经济法性质是较为科学、合理的认定，且能更好地与公私合作合同相协调。

特许经营协议的纠纷解决与合同性质紧密相关，合同性质的认定决定了其纠纷解决的方式。因为是综合性的视角，所以相关法律适用也是综合性，重在解决特许经营协议实践中的具体问题。根据特许经营协议的公私融合一体多面的性质，在具体实践中应把合同内容进行区分，分为三个阶段来分别解决实践中遇到的纠纷问题。第一阶段为合同谈判签署阶段的合同履行、变更、解除等内容即特许经营协议争议内容涉及具体民事行为，则适用民法调整，应主要审查履行内容是否体现主体地位平等、意思自治和协议一致等原则。第二阶段为合同履行过程中政府行使行政规划、许可、监督等行政管理职能即特许经营协议中争议内容为行政监管等内容，则适用行政法调整，应着重审查协议签订主体是否适格、是否符合竞争性方式、履行期限、政府监管、违法的法律后果等方面内容。第三阶段为特许经营协议中争议内容为经济法制度调整的内容，则适用经济法调整，应主要审查是否违反相关政策（价格、税收、审计、金融）、不正当竞争行为、政府采购行为等内容。

3. 公私合作（PPP）合同中政府审计的介入监管

从前述财政部操作流程的分析可以看出，国家把 PPP 模式看作是国家财政管理的一种方式，重在解决政府债务危机，发改委的操作流程同样体现了政府宏观调控的具体要求。现在，我们将公私合作合同认定为公私融合一体多面的经济法性质，对合同性质的认定并不是机械地理解和进行法律适用，而是要结合公私合作合同运行过程中遇到的问题，从经济法的角度来考虑 PPP 模式的长远发展。从财政部的操作流程中可以看出国家对 PPP 模式进行政府审计的要求，将公私合作合同纳入政府审计已是一个必然的发展趋势。政府审计是监管机构保障公共利益的具体职能，公私合作合同涉及社会公共利益保障，需要在合同内容和合同履行中符合政府审计的具体要求。

结合目前审计机关对公私合作合同的关注程度以及探讨方向，将公私合作合同进行政府审计全覆盖几乎已是确定的目标。PPP 模式在我国得到了大力的推广，但原有的规定和现有的法律体系得不到接轨，政府要不要对公私合作合同进行审计，这个问题还存在一定的争议。《审计法》《审计法实施条例》规定了政府审计的范围主要依据投资主体和资金性质两类，但公私合作合同的投资主体为社会资本方，根据原有法律规定，政府审计仅能对财政承受能力的预算支出部分进行审计。据此，政府审计还未全方面覆盖现有的公私合作合同。从 PPP 模式长远的发展来看，政府审计是监管机构保障公共利益的具体职能，而 PPP 模式的最终目标是保证公共利益的实现，将公私合作合同纳入政府审计是一个必然的选择。因此为了解决政府审计的合法性，应该在经济法上加强制度建设，让政府审计有法可依。只有解决了政府审计的合法性，审计机关才能对合同内容和合同履行程序进行政府审计。政府审计公私合作合同，除了要对财政承受能力论证的预算支出进行审计，还应该把政府审计覆盖公私合作合同的全流程，如资金的管理和使用的情况、项目管理建设的情况、政策执行和实施的情况、工程质量的情况、投资绩效的情况，等等。财政部最新文件指出："明确加强政府方跟踪审计，严格控制项目投资、建设、运营成本，加强跟踪审计。"① 因此，社会资本方要重视跟踪审计，避免影响合同的不利因素发生，导致合法利益受损。除了对上述合同履行过程的审计外，还应对合同内容进行审计，对内容的审计是对合同实质内容进行审计，如是否违反合同法第 52 条，导致合同无效的五种情形。政府审计要做到规范权力运行，确保项目合规经营，实现促进廉政建设的审计目标，这也是经济法上对监管目标促进的要求。

面对政府审计的具体要求，社会资本方应做好合理的应对措施。社会资本方要确保项目合同合乎法律的规定。从以往政府审计的实践中可以看出，政府审计部门较为关注项目程序问题，重点审计项目是否决策失误、工程建设环节是否出现违法违规的经济问题等。对于公私合作合同而言，从合同一开始的设立、挑选投资方、政策扶持等方面都要符合《招标法》《政府采购法》等相关法律法规和实施条例的要求。社会资本方还应明确政企交往的界限，将磋商和交往纳入法律监管之中。在采购环节，重视政府采购程序，避免因程序违法导致合同无效，如遵守《招标投标法》《政府采购法》的程序规定，排除一切可能导致采购无效的行为。社会资本方还应重视与政府方进行谈判签署的环节，注重风险条款的设置。在公私合作合同中，涉及风险较多，有必要进行合理、科学的风险分担。如若社会资本方满足了政府审计的合规要求，那么因审计结果导致的投资风险就不应该全部由社会资

① 参见财政部《关于推进政府和社会资本合作规范发展的实施意见》（财金〔2019〕10 号），2019 年 3 月。

本方承担。因此，双方在谈判签署环节，应该重视风险条款的设立，明确约定政府审计的风险由谁来承担或者其他补充、变更的条款来合理规避此风险。

政府审计体现了公权力对公私合作合同的监管，是经济法、行政法的内在要求。社会资本对公私合作合同政府审计的应对，应严格遵守行政法、经济法、民法的相关规定。社会资本方应遵守法律法规的规定，提高其建设管理水平，遵守程序要求和风险条款的设立。政府方除了要提高自身审计专业水平外，还应严格按照法律规定进行合规审计。

参考文献

一　中文著作

曹珊:《政府和社会资本合作（PPP）项目》，法律出版社 2016 年版。

查道炳、李福胜、蒋媗:《中国境外投资环境与社会风险案例研究》，北京大学出版社 2014 年版。

柴瑜、陆建人、杨先明编:《大湄公河次区域经济合作研究》，社会科学文献出版社 2007 年版。

陈文玲:《中国与世界：以中国视角解析国际问题》（上下册），中国经济出版社 2016 年版。

戴春宁:《中国对外投资项目案例分析——中国进出口银行海外投资项目精选》，清华大学出版社 2009 年版。

单文华:《中国对外能源投资的国际法保护：基于实证和区域的制度研究》，清华大学出版社 2014 年版。

丁宝河:《中国 PPP 立法研究》，法律出版社 2016 年版。

韩秀丽:《中国海外投资的环境保护问题研究——国际投资法视角》，法律出版社 2013 年版。

胡焕庸:《论中国人口之分布》，华东师范大学出版社 1983 年版。

黄群慧:《工业化蓝皮书："一带一路"沿线国家工业化进程报告》，社会科学文献出版社 2015 年版。

黄烨菁、金芳、周大鹏、李珮璘等：《“一带一路”建设与中国开放型经济新阶段》，上海社会科学院出版社有限公司 2018 年版。

贾辉、张帆：《三思而后行：中国企业境外投资并购法律风险防范》，法律出版社 2013 年版。

金鑫、张秋生、许永权、王立勇：《“一带一路”跨境通道建设研究报告（2017—2018）：安全风险研究专辑》，社会科学文献出版社 2018 年版。

李天籽：《跨境次区域合作与中国沿边产业空间分布》，社会科学文献出版社 2015 年版。

李铁立：《边界效应与跨边界次区域经济合作研究》，中国金融出版社 2005 年版。

李霞：《行政合同研究——以公私合作为背景》，社会科学文献出版社 2015 年版。

梁慧星：《民法学说判例与立法研究》，国家行政学院出版社 1999 年版。

梁双陆：《边疆经济学：国际区域经济一体化与中国边疆经济发展》，人民出版社 2009 年版。

梁双陆：《次区域国际经济一体化：理论与实践》，人民出版社 2014 年版。

梁双陆：《为赶超构建自我发展能力：以西部为例》，中国社会科学出版社 2017 年版。

梁双陆：《中国边疆桥头堡经济：基于空间经济学的分析》，社会科学文献出版社 2015 年版。

梁咏：《中国投资者海外投资法律保障与风险防范》，法律出版社 2010 年版。

林文勋、杨先明、张国胜：《重塑沿边经济地理与发展机制：以滇西边境地区为例》，社会科学文献出版社 2015 年版。

林文勋、郑永年编：《澜湄合作新机遇与中国—东盟关系新篇章》，社会科学文献出版社 2018 年版。

林文勋、郑永年编：《中国—东盟命运共同体与澜湄合作》，社会科学文献出版社 2018 年版。

林雄：《中国自贸区建设与国际经验》，中山大学出版社 2016 年版。

马晶梅：《中国外包企业升级机制及经济效应研究》，中国社会科学出版社 2018 年版。

毛振华、阎衍、郭敏：《“一带一路”沿线国家主权信用风险报告》，经济日报出版社 2015 年版。

潘广云：《独联体框架内次区域经济一体化问题研究》，北京师范大学出版社 2011 年版。

漆多俊：《经济法基础理论》（第三版），武汉大学出版社 2001 年版。

秦玉秀：《PPP 全流程操作实务：核心要点图解与疑难问题剖析》，中国法制出版社 2017 年版。

上海财经大学自由贸易区研究院：《赢在自贸区 2：经济新常态下的营商环境和产业机遇》，北京大学出版社 2015 年版。

上海财经大学自由贸易区研究院：《赢在自贸区：寻找改革红利时代的财富与机遇》，北京大学出版社 2014 年版。

史际春、邓峰：《经济法总论》（第二版），法律出版社 2008 年版。

孙菁蔚：《欧洲金融组织演化史》，社会科学文献出版社 2017 年版。

孙丽燕：《外贸中小企业面临的国内营商环境研究》，中国商务出版社 2016 年版。

王保树：《经济法原理》，社会科学文献出版社 2004 年版。

王赞信、魏巍：《跨境经济合作——原理模式与政策》，社会科学文献出版社 2017 年版。

王增忠：《公私合作制（PPP）的理论与实践》，同济大学出版社 2015 年版。

吴岚：《国际投资法视域下的东道国公共利益规则》，中国法制出版社 2014 年版。

杨先明等：《能力结构与东西部区域经济合作》，中国社会科学出版社 2008 年版。

杨先明：《发展阶段与国际直接投资》，商务印书馆 2000 年版。

杨先明、黄宁、赵果庆、吴明：《增长转型与中国比较优势动态化研究》，社会科学文献出版社 2015 年版。

杨先明、吕昭河、黄宁、梁双陆：《超越预警：中国西部欠发达地区的发展与稳定》，人民出版社 2013 年版。

张丽君、王飞、田东霞、周英等：《中国跨境经济合作区进展报告（2018）》，中国经济出版社 2019 年版。

张守文：《经济法理论的重构》，人民出版社 2004 年版。

张守文：《经济法原理》，人民出版社 2008 年版。

张树义主编：《行政法学》，北京大学出版社 2005 年版。

中国建筑股份有限公司法律事务部：《PPP 全流程运作实务：核心要点图解与疑难问题剖析》，中国法制出版社 2017 年版。

朱静：《政府（实施机构）PPP 项目实务操作指南》，知识产权出版社 2018 年版。

二　中文译著

国际复兴开发银行/世界银行：《“一带一路”经济学：交通走廊的机遇与风险》（2019），世界银行集团出版，第 100 页。

[美] 狄·约翰、王笑然主编：《气候改变历史》，王笑然译，金城出版社 2014 年版。

[美] 亨利·罗伯特：《罗伯特议事规则》（第 10 版），格致出版社、上海人民出版社 2008 年版。

[美] 拉铁摩尔：《中国的亚洲内陆边疆》，唐晓峰译，江苏人民出版社 2010 年版。

[美] 罗纳德·哈里·科斯：《企业、市场与法律》，盛洪、陈郁等译校，上海三联书店 1990 年版。

[美] 尼古拉斯·斯皮克曼：《和平地理学》，俞海杰译，上海人民出版社 2016 年版。

[美] 塞缪尔·P. 亨廷顿：《变化社会中的政治秩序》，王冠华等译，上海人民出版社 2008 年版。

[英] 彼得·弗兰科潘：《丝绸之路：一部全新的世界史》，邵旭东、孙芳译，浙江大学出版社 2016 年版。

[英] 范达娜·德赛、罗伯特·B. 波特：《发展研究指南》（第二版），杨先明、刘岩译，商务印书馆 2014 年版。

三　论文

蔡拓、陈志敏、吴志成、刘雪莲、姚璐、刘贞晔：《人类命运共同体视角下的全球治理与国家治理》，《中国社会科学》2016 年第 6 期。

陈和平：《产业集群战略：实现区域经济发展的现实选择》，《边疆经济与文化》2006 年第 10 期。

陈建奇、张原：《G20 主要经济体宏观经济政策溢出效应研究》，《世界经济研究》2013 年第 8 期。

陈卫东、王有鑫：《人民币贬值背景下中国跨境资本流动：渠道、规模、趋势及风险防范》，《国际金融研究》2016 年第 4 期。

樊勇明：《从国际公共产品到区域性公共产品——区域合作理论的新增长点》，《世界经济与政治》2010 年第 1 期。

耿焰：《论行政公私伙伴关系的规制》，《法学论坛》2011 年第 2 期。

洪俊杰：《中国海外并购的动因研究——基于广延边际与集约边际的视角》，《经济研究》2017 年第 1 期。

胡改蓉：《PPP 模式中公私利益的冲突与协调》，《法学》2014 年第 11 期。

胡敏、张帆：《英格兰遗产风险评估制度及其启示》，《国际城市规划》2016 年第 3 期。
贾康、孙洁：《公私合作伙伴关系（PPP）的概念、起源与功能》，《中国政府采购》2014 年第 6 期。
江必新：《中国行政合同法律制度——体系内容及其构建》，《中外法学》2012 年第 6 期。
江国华：《PPP 模式中的公共利益保护》，《政法论丛》2018 年第 10 期。
江国华：《政府和社会资本合作项目合同性质及争端解决机制》，《法商研究》2018 年第 2 期。
解志勇：《法学学科结构的重塑研究》，《政法论丛》2019 年第 2 期。
李晨阳：《跨境经济合作区建设：以中缅的瑞丽—木姐为例》，《世界知识》2015 年第 14 期。
李丹：《全球价值链分工下的生产要素收入：理论创新与重构》，《经济学家》2017 年第 3 期。
李亢：《论我国特许经营合同规制的制度设计》，《经济法研究》2014 年第 1 期。
梁双陆：《边界效应与我国跨境经济合作区发展》，《天府新论》2015 年第 1 期。
刘剑文、胡翔：《“领域法”范式适用：方法提炼与思维模式》，《法学论坛》2018 年第 4 期。
刘剑文：《论领域法学：一种立足新兴交叉领域的法学研究范式》，《政法论丛》2016 年第 5 期。
刘梦祺：《政府与社会资本合作中政府角色冲突之协调》，《法商研究》2019 年第 3 期。
刘卫东：《“一带一路”战略的科学内涵与科学问题》，《地理科学进展》2015 年第 5 期。
卢小平：《跨境经济合作区建设的国际协同——以中国与东盟三国为例》，《中国特色社会主义研究》2016 年第 4 期。
马昀：《“一带一路”建设中的风险管控问题》，《政治经济学评论》2015 年第 4 期。

彭涛：《论公私合作伙伴关系在我国的实践及其法律框架构建》，《政法论丛》2006 年第 6 期。

史际春、邓峰：《合同的异化与异化的合同——关于经济合同的重新定位》，《经济法论丛》1999 年第 1 期。

史际夸、肖竹：《论分权、法治的宏观调控》，《中国法学》2006 年第 4 期。

史育龙：《“一带一路”倡议的立论基础与推进思路》，《经济科学》2015 年第 3 期。

孙霞：《中哈霍尔果斯国际边境合作中心跨境经济合作法律问题研究》，博士学位论文，大连海事大学，2015 年。

唐璇、张辉：《“一带一路”：全球化转型时代的中国方案》，《经济科学》2018 年第 3 期。

王凯、徐辉：《建设国家中心城市的意义和布局思考》，《城市规划学刊》2012 年第 3 期。

王兴钊：《政企合作（PPP）：王守清核心观点》，《项目管理评论》2017 年第 5 期。

王旭：《中巴经济走廊建设中的主要问题与对策建议》，载《“一带一路”跨境通道蓝皮书》，社会科学文献出版社 2016 年版。

温来成、刘洪芳、彭羽：《政府与社会资本合作（PPP）财政风险监管问题研究》，《中央财经大学学报》2015 年第 12 期。

邢鸿飞：《政府特许经营协议的行政性》，《中国法学》2004 年第 6 期。

徐澜波：《我国宏观调控权配置论辨正——兼论宏观调控手段体系的规范化》，《法学》2014 年第 5 期。

杨先明、陈瑛、袁帆：《“一带一路”沿边产业带的企业集聚效应研究——基于 GMS 经济走廊企业调查数据》，《亚太经济》2018 年第 3 期。

杨先明、梁双陆：《东西部能力结构差异与西部的能力建设》，《云南大学学报》（社会科学版）2007 年第 2 期。

杨先明、田永晓：《“21世纪海上丝绸之路”愿景与亚洲生产网络的重塑》，《印度洋经济体研究》2015年第6期。

湛中乐、刘书燃：《PPP协议中的法律问题辨析》，《法学》2007年第3期。

张守文：《PPP的公共性及其经济法解析》，《法学》2015年第11期。

周兰萍：《PPP的法律性质何在》，《施工企业管理》2014年第9期。

四　网络文献及新闻类

毕马威“一带一路”工作组：《毕马威助力中国企业制胜“一带一路”》，2019年12月8日，https：//assets. kpmg/content/dam/kpmg/cn/pdf/zh/2018/11/kpmg-belt-and-road-case-study. pdf。

哈佛大学机遇观察（Opportunity Insights）团队，2019年4月26日，https：//opportunityinsights. org/。

美国人口普查局（U. S. Census Bureau），2019年4月26日，https：//opportunity. census. gov/。

《世界怎么了？中国还行不行？习近平达沃斯回应三大关切》，人民日报全媒体，2019年4月25日，http：//politics. people. com. cn/n1/2017/0118/c1001 -29033542. html。

《推进互联互通“一带一路”建设再添动力》，《经济参考报》2019年4月23日，2019年6月21日，http：//www. xinhuanet. com/money/2019 -04/23/c_ 1124402844. htm。

新华社：《“一带一路”税收征管合作机制在我国宣告成立》，2019年9月20日，http：//www. xinhuanet. com/fortune/2019 -04/18/c_ 1124386177. htm。

《“一带一路”融资指导原则》（2017年5月16日），国务院新闻办公室网站，2019年12月8日，http：//www. scio. gov. cn/31773/355

07/htws355 12/Document/1552375/1552375. htm。

中国联合信用评级有限公司：《"一带一路"沿线国家主权信用风险综述》，2017 年 5 月 15 日发布，2019 年 10 月 7 日，http：//www. lianhecreditrating. com. cn。

Indonesia – Malaysia – Singapore Growth Triangle，2019 年 5 月 5 日，https：//en. wikipedia. org/wiki/Indonesia% E2% 80% 93Malaysia% E2%80%93Singapore_ Growth_ Triangle。

The World Bank Group，Doing Business 2020，October 24，2019，2019 年 12 月 5 日，https：//www. doingbusiness. org/en/reports/global-reports/doing-business – 2020。

United States-Mexico-Canada Agreement，2019 年 5 月 5 日，https：//en. wikipedia. org/wiki/United _ States% E2% 80% 93Mexico% E2% 80%93Canada_ Agreement。

Upper Rhine Conference，2019 年 5 月 5 日，https：//en. wikipedia. org/wiki/Upper_ Rhine_ Conference。

五 外文类

Alexander Libman，"Linking the Silk Road Economic Belt and the Eurasian Economic Union：Mission Impossible?" *Caucasus International*，Vol. 6，No. 1，Summer 2016.

Alexandre Jeanneret，"Sovereign Credit Spreads under Good/Bad Governance"，*Journal of Banking & Finance*，Volume 93，August 2018.

Alfred Thayer Mahan，*The Influence of Sea Power upon History，1660 – 1783*，Dover Publications，Revised ed. edition（November 1，1987）.

Amitav Acharya，*East of India，South of China：Sino-Indian Encounters in Southeast Asia*，Oxford University Press，1 edition，April 23，2017.

Andrew Moravcsik, *The Choice for Europe: Social Purpose and State Power from Messina to Maastricht*, Cornell University Press, 1 edition, October 28, 1998.

Anne-Marie Slaughter, *International Relations, Principal Theories*, Wolfrum, R. (Ed.), *Max Planck Encyclopedia of Public International Law*, Oxford University Press, 2011.

Antonio Coppola, Matteo Maggiori, Brent Neiman, Jesse Schreger, *Redrawing the Map of Global Capital Flows: The Role of Cross-Border Financing and Tax Havens*, BFI Working Paper, Sep 30, 2019.

Barry Eichengreen, "Capital Account Liberalization: What Do Cross - Country Studies Tell Us?" *The World Bank Economic Review*, Volume 15, Issue 3, October 2001.

Bob Jessop, The Future of the State in an Era of Globalization, Edited By Marika Lerch, *Challenges of Globalization New Trends in International Politics and Society*, Transaction Publishers, 1 edition, March 30, 2005.

Brian C. Schmidt, *The Political Discourse of Anarchy: A Disciplinary History of International Relations*, State University of New York Press, November 25, 1997.

Chantal Mouffe, "Deliberative Democracy or Agonistic Pluralism?" *Social Research*, Vol. 66, No. 3, Prospects for Democracy (fall 1999).

Charles N. Brower, Stephan W. Schill, "Is Arbitration a Threat or a Boon to the Legitimacy of International?" *Chicago Journal of International Law*, 2009.

Christophe Sohn, Bernard Reitel, "The Role of National States in the Construction of Cross-Border Metropolitan Regions in Europe: A Scalar Approach", *European Urban and Regional Studies*, Volume 23, Issue 3, 2016.

Cynthia Kite, The Stability of the Globalized Welfare State, *Globaliza-*

tion and the Welfare State, Palgrave Macmillan, a division of Macmillan Publishers Limited 2004.

David Gerrie, War on the 'Red Empire': How America planned for an attack on BRITAIN in 1930 with bombing raids and chemical weapons. DailyMail. 2011 – 09 – 21 [2013 – 04 – 12].

David Jackson, Sean Rossman, Donald Trump, White House condemn New Zealand mosque shooting in Christchurch, USA TODAY, Mar. 15, 2019. Colby Itkowitz, John Wagner, "Trump says white nationalism is not a rising threat after New Zealand attacks: 'It's a small group of people'". The Washington Post. Archived from the original on 16 March 2019. Retrieved 17 March 2019.

Dayton Marchese, Erin Reynolds, Matthew E. Bates, Heather Morgan, Susan Spierre Clark, Igor Linkov, "Resilience and Sustainability: Similarities and Differences in Environmental Management Applications", *Science of The Total Environment*, Volumes 613 – 614, February 1, 2018.

Diane Stone, Stella Ladi, "Global Public Policy and Transnational Administration", *Public Administration*, Volume 93, Issue 4, December 2015.

Dimitri A. Sotiropoulos, Usages of "Europe" in Welfare Policies in Greece, 1981 – 2010, in The EU and the Domestic Politics of Welfare State Reforms: Europa, Europae (Work and Welfare in Europe) 2011, Paolo Graziano, S. Jacquot, B. Palier eds, Palgrave Macmillan; 2011 edition (June 13, 2011).

Dorothée Allain-Dupré, Claudia Hulbert, Margaux Vincent, Subnational Infrastructure Investment in OECD Countries: Trends and Key Governance Levers, OECD Regional Development Working Papers are published on http://www.oecd.org/cfe/regional-policy, last visited on Dec 5, 2019.

Duane Swank, "Funding the Welfare State: Globalization and the Taxation of Business in Advanced Market Economies", *Political Studies*, Volume

46, Issue 4, September 1998, First published: February 21, 2002.

Erin Anderson, Anne T. Coughlan, "International Market Entry and Expansion Via Independent or Integrated Channels of Distribution", *Journal of Marketing*, Vol. 51, No. 1, Jan., 1987.

Eugene Bazhanov, Russian Policy Toward China, in "Russian Foreign Policy Since 1990" Peter Shearman eds.

Farshad Ghodoosi, "The Concept of Public Policy in Law: Revisiting the Role of the Public Policy Doctrine in the Enforcement of Private Legal Arrangements", *Nebraska Law Review*, Volume 94, Issue 3, 2015.

Forest L. Reinhardt, Robert N. Stavins, "Corporate Social Responsibility, Business Strategy, and the Environment", *Oxford Review of Economic Policy*, Volume 26, Issue 2, Summer 2010.

Gabriel Popescu, "The Conflicting Logics of Cross-Border Reterritorialization: Geopolitics of Euroregions in Eastern Europe", *Political Geography*, Volume 27, Issue 4, May 2008.

Giandomenico Majone, "Delegation of Regulatory Powers in a Mixed Polity", *European Law Journal*, Volume 8, Issue 3, September 2002.

Gustaaf Geeraerts, "The EU-China Partnership: Balancing between Divergence and Convergence", *Asia Europe Journal*, *Springer Berlin Heidelberg*, Volume 17, Issue 3, September 2019.

Hitomi Koyama, Barry Buzan, "Rethinking Japan in Mainstream International Relations", *International Relations of the Asia-Pacific*, Volume 19, Issue 2, May 2019.

H. J. Mackinder, "The Geographical Pivot of History", *The Geographical Journal*, Vol. 23, No. 4, Apr., 1904.

Homo Sapiens, Human Evolution Evidence, Smithsonian Institution, National Museum of Natural History, 2014.

Ian Bache, Ian Bartle, Matthew Flinders, Chapter 40: Multi-level governance, Edited by Christopher Ansell and Jacob Torfing, *Hand-*

book on Theories of Governance, Edward Elgar Pub, June 30, 2016.

I. N. Sycheva, N. M. Miheeva, A. N. Dunets, N. E. Ivanova, V. N. Nemtsev, R. B. Gabdulkhakov, "Organizational and Economic Forms of Cross-Border Cooperation of a Region", *International Journal of Civil Engineering and Technology* (*IJCIET*), Volume 10, Issue 2, Feb 1, 2019.

Ivliane Dzneladze, Geopolitical Significance of Eastern Europe for Chinese Foreign Policy: Belt and Road Initiative and 16 + 1 Cooperation Format, International Relations, 2018.

Jagdish Bhagwati, US Trade Policy: The Infatuation with FTAs, Columbia University April 1995 Discussion Paper Series No. 726.

James A. Caporaso, "Dependency Theory: Continuities and Discontinuities in Development Studies", *International Organization*, Vol. 34, No. 4, Autumn 1980.

Jan Zielonka, "Empires and the Modern International System, Geopolitics", Volume 17, Issue 3, 2012.

Jeffrey Delmon, *Public-Private Partnership Projects in Infrastructure: An Essential Guide for Policy Makers*, Cambridge University Press, 2 edition, October 12, 2017.

John Greville Agard Pocock, *The Machiavellian Moment: Florentine Political Thought and the Atlantic Republican Tradition*, Revised edition, Princeton University Press, February 16, 2003.

Joint Estimate of the Situation - Red and Tentative Plan - Red (PDF). Security Classified Correspodence of the Joint Army-Navy Board, compiled 1918 - 03/1942, documenting the period 1910 - 03/1942. Joint Board, 325. Serial 274. [2011 - 12 - 03].

Joseph E. Stiglitz, *Globalization and Its Discontents Revisited: Anti-Globalization in the Era of Trump*, W. W. Norton & Company, 1 edition, November 28, 2017.

Karl-Johan Lundquist, Michaela Trippl, *Distance, Proximity and Types of Cross-Border Innovation Systems: A Conceptual Analysis. Regional*

Studies, Taylor & Francis (Routledge), 2011.

Kenneth A. Reinert, Oda T. Reinert, Gelaye Debebe, "The New OECD Guidelines for Multinational Enterprises: Better but not Enough", *Development in Practice*, Volume 26, Issue 6, 2016.

Kenneth J. Arrow, "A Difficulty in the Concept of Social Welfare", *The Journal of Political Economy*, Vol. 58, No. 4, Aug., 1950.

Kenneth Kernaghan, "Partnership and Public Administration: Conceptual and Practical Considerations", *Canadian Public Administration*, Volume 36, Issue 1, March 1993.

Kenneth N. Waltz, *Theory of International Politics*, Waveland Press, 1 edition, February 5, 2010.

Kenneth Waltz, James Fearon, "A Conversation with Kenneth Waltz", *Annual Review of Political Science*, Vol. 15: 1 – 12 (Volume publication date June 2012).

Khaled Samaha, Hichem Khlif Khaled Hussainey, "The Impact of Board and Audit Committee Characteristics on Voluntary Disclosure: A Meta-Analysis, Journal of International Accounting", *Auditing and Taxation*, Volume 24, 2015.

KIvanç Ulusoy, "Preface to the Special Issue on 'the Geo-Politics of Conflict in the Eastern Mediterranean'", *Journal of Balkan and Near Eastern Studies*, Vol. 18, No. 4, 2016.

Laurence J. O's Toole Jr., Kenneth J. Meier, "Public Management in Intergovernmental Networks: Matching Structural Networks and Managerial Networking", *Journal of Public Administration Research and Theory*, Volume 14, Issue 4, October 2004.

Lawrence J. Lau, *The China-U. S. Trade War and Future Economic Relations*, The Chinese University of Hong Kong Press, December 18, 2018.

Linda Weiss, *The Myth of the Powerless State*, Cornell University Press, October 15, 1999.

Lucia Quaglia , Fabrizio De Francesco, Claudio M. Radaelli, "Committee Governance and Socialization in the European Union", *Journal of European Public Policy*, Volume 15, Issue 1, 2008.

Luke Ulaş, "Cosmopolitanism, Self-Interest and World Government", *Political Studies*, Volume 64, Issue 1, February 22, 2016.

Manfred B. Steger, *Globalization: A Very Short Introduction*, Oxford University Press, 3 edition, May 19, 2013.

Marcel P. Timmer, Abdul Azeez Erumban, Bart Los, Robert Stehrer, Gaaitzen J. de Vries, "Slicing Up Global Value Chains", *Journal of Economic Perspectives*, Vol. 28, No. 2, Spring 2014.

Mario Pianta, Raffaele Marchetti, Transnational Networks in the Global Justice Movement, (Donatella Della Porta, Massimiliano Andretta, Angel Calle, Helene Combes, Donatella Della Porta, Nina Eggert, Marco G. Giugni, Jennifer Hadden, Manuel Jimenez, Raffaele Marchetti), *Global Justice Movement: Cross-national and Transnational Perspectives*, Routledge, 1st Edition, August 30, 2007.

Markus Perkmann, "Policy Entrepreneurship and Multilevel Governance: A Comparative Study of European Cross-Border Regions", *Environment and Planning C: Politics and Space*, Volume 25, Issue 6, 2007.

Mats Forsgren, *Theories of the Multinational Firm: A Multidimensional Creature in the Global Economy*, Edward Elgar Pub, November 30, 2008.

Maurizio Ferrera, Welfare-State Transformations: From Neo-Liberalism to Liberal Neo-Welfarism? *In Resilient Liberalism in Europe's Political Economy*, edited by Vivien A. Schmidt, Mark Thatcher, Cambridge University Press, 1 edition, August 31, 2013.

Michael E. Brown, Owen R. Coté Jr, Sean M. Lynn-Jones, Steven E. Miller, *Theories of War and Peace*, The MIT Press, October 29, 1998.

Michael I. Handel, *Weak States in the International System*, Routledge,

1 edition, November 1, 1990.

Miles Kahler, "Global Governance: Three Futures", *International Studies Review*, Volume 20, Issue 2, June 2018.

Molly N. N. Lee, "Restructuring Higher Education: Public-Private Partnership", *Journal of Asian Public Policy*, Volume 1, Issue 2, 2008.

Neil Brenner, Beyond State-Centrism? Space, Territoriality, and Geographical Scale in Globalization Studies, Edited By Chris Philo, *Theory and Methods Critical Essays in Human Geography*, Routledge, 1 edition, October 28, 2008.

Peter Toft, John J. "Mearsheimer: an Offensive Realist between Geopolitics and Power", *Journal of International Relations and Development*, Volume 8, Issue 4, December 2005.

Robert Howse, *International Investment Law and Arbitration: A Conceptual Framework*, *Institute for International Law and Justice*, New York University School of Law, Working Paper 2017/1 (MegaReg Series).

Roberto Di Pietra, Andrea Melis, "Governance and Corruption: Is History Repeating Itself? Fostering a Debate and Inviting Contributions from a Multidisciplinary Perspective", *Journal of Management & Governance*, Volume 20, Issue 4, December 2016.

Robert O. Keohane, Joseph S. Nye, *Power and Interdependence: World Politics in Transition*, 3rd ed. Longman, 2001.

Robert W. Cox, *Approaches to World Order*, Cambridge University Press, April 26, 1996.

Ronit Levine-Schnur, *How to compare and Measure Different Levels of Law Enforcement: Observing Differences in Legislation is not Enough*, Proceedings of the National Academy of Sciences of the United States of America, June 21, 2016.

Rosa Mulé, "New Institutionalism: Distilling some ' Hard Core ' Propositions in the Works of Williamson and March and Olsen", *Poli-*

tics, Volume 19, Issue 3, September 1999.

Rosita Dellios, R. James Ferguson, "The Human Security Dimension of China's Belt and Road Initiative", *Journal of Management and Sustainability*, Vol. 7, No. 3, 2017.

Sabine Dörry, Antoine Decoville, "Governance and Transportation Policy Networks in the Cross-Border Metropolitan Region of Luxembourg: A Social Network Analysis", *European Urban and Regional Studies*, Volume 23, Issue 1, January 1, 2016.

Serafettin Yilmaz, Liu Changming, "China's 'Belt and Road' Strategy in Eurasia and Euro-Atlanticism", *Europe-Asia Studies*, Volume 70, Issue 2, 2018.

Sergio Puig, "The Merging of International Trade and Investment Law", *Berkeley Journal of International Law* 33, December 9, 2016.

Simon Saradzhyan, Ali Wyne, *China-Russia Relations: Same Bed, Different Dreams?* Russian Matters, June 2018.

Stefano Guzzini (Editor), Anna Leander (Editor), *Constructivism and International Relations: Alexander Wendt and his Critics*, Routledge, 1 edition, January 13, 2006.

Stephan W. Schill, "Reforming Investor-State Dispute Settlement: A (Comparative and International) Constitutional Law Framework", *Journal of International Economic Law*, Volume 20, Issue 3, September 2017.

Stewart, David P., Sherzod Shadikhodjaev, "World Trade Organization-General Agreement on Tariffs and Trade-National Treatment-general Exceptions-renewable Energy-international Environmental Law", *American Journal of International Law*, Jan. 1, 2017.

Thomas König, Jonathan B. Slapin, "From Unanimity to Consensus: An Analysis of the Negotiations at the EU's Constitutional Convention", *World Politics*, Volume 58, Issue 3, April 2006.

Thomas Schillemans, "Managing Public Accountability: How Public

Managers Manage Public Accountability", *International Journal of Public Administration*, Volume 38, Issue 6, 2015.

Thomas Thalerab, MeikeLevin-Keitelc, "Multi-Level Stakeholder Engagement in Flood Risk Management-A Question of Roles and Power: Lessons from England", *Environmental Science & Policy*, Volume 55, Part 2, January 2016.

Wim Verbeke, Jutta Roosen, "Market Differentiation Potential of Country-of-Origin, Quality and Traceability Labeling", *The Estey Centre Journal of International Law and Trade Policy*, Volume 10, Number 1, 2009.

后　记

开始本书写作之前，对祖国西部边疆地区经济和社会发展只是停留在一种“生于斯，长于斯”的质朴情怀之上，在梁双陆教授的悉心指导和严格要求之下，我努力尝试将经济学、管理学的研究与之前的法学研究进行跨学科思考，努力探究西部边疆地区的经济与社会发展，努力探究“一带一路”倡议所蕴含的历史与现实意义，努力探究跨境经济合作的可能性与可行性。在此，要特别感谢导师梁双陆教授对我的教诲与指导，感谢发展研究院杨先明教授、吕昭河教授、郭山教授、郭树华教授、王赞信教授、张国胜教授和杨明洪教授对我的教诲与指导，感谢经济学院李娟书记、娄锋教授、潘小春教授等同事给予我的指导与启发，感谢法学院陈云东教授、杨云鹏教授、高巍教授、彭荣教授、王启梁教授、蔡磊教授、沈寿文教授、刘红春教授等同事对我的指导与启发，感谢崔庆波、江小敏、刘凤、梁巧玲、张利军、刘燕、张梅等所有同门对我的帮助与启发！感谢中国人民大学法学院史际春教授、王轶教授、冯玉军教授、宋彪教授、中国政法大学民商经济法学院李曙光教授、北京大学法学院邓峰教授、兰州大学法学院刘光华教授、西北师范大学法学院王勇教授等师长对我长期以来的鞭策与鼓励！感谢美国康奈尔大学法学院 Gregory S. Alexander 教授和康奈尔大学 SC 约翰逊商学院 Christopher Marquis 教授的授课与指导，在教育部 CSC 公派美国访学期间，康奈尔大学美丽的校园、典雅的图书馆和常青藤学术检索系统，为我完成本书写作提供了优越的研究条件，感谢 Alexander 老师和这所地处纽约州西北角落的世界著名学府!

本书虽然力图尽可能地贴近跨境经济合作区的实际需要，但难免存在各种错漏之处，希望在以后进一步研究中予以修正，恳请读者不吝批评斧正！附上本书写作过程中的一段调研日记，也请读者从侧面了解一下祖国西部边疆地区的美好与希望。

边疆调研日记节选：

2016 年 8 月 11 日，星期四，博乐，晴；赛里木湖，晴；霍尔果斯，晴；伊宁，轻度污染；愉群翁回族乡，晴；新源，晴

今天的行程是最为艰苦的一天，赛里木湖没有去年那么清澈，周边的工地正在火热地施工，环湖公路附近还是很难找到卫生间。环湖公路的拍照景点还是那么壮观和原初。赛里木湖至霍尔果斯的道路通畅，过了果子沟大桥的收费站，本来只是简单休息和洗手，后来看到烤馕，大家情不自禁来了几份烤馕，接着大家又切开西瓜，大快朵颐。

霍尔果斯是一个巨大的商贸城，进出停车场非常不容易。西晒的太阳炙烤着一切，不知边界那一端的人们怎样度过夏天的炎热，这里是此行的最西端，即将开始向东返程。霍尔果斯至霍城的道路畅通，但是霍城至伊宁的道路双向施工，每一条道路上都是飞驰的对向车流，路面凹凸不平，旁边还有行人、电单车、小孩子跑出跑进。开慢一点，后面的车辆随时变道超车。

奔驰之后是繁华的伊宁市，资源和地理的优势支撑着人口和文化。不觉间已经是灯火初上了，省道、县道两旁的瓜农在微弱的灯光中正在吃简单的晚餐。维吾尔族和回族瓜农的晚餐很简单，但是很有营养，一般来说就是西瓜泡馕，一点烤肉，奢侈一点是 suyukax（羊肉面片）。邻近愉群翁回族乡，这里场景喧闹，人头攒动，人们正在利用短暂的闲暇和凉爽，尽情地品尝美食。索菲艳农家乐餐厅价格便宜，饭菜极为地道，同行的人们极其喜欢美味的大盘鸡。在旁边几个摊子，每个品尝一点最后都很多，门口的酸奶也相当爽口。这个乡居住着维吾尔族、回族、东乡族、汉

族、哈萨克族等多个民族，很多回族和汉族群众会讲流利的维吾尔语。

中间不知经历了多少次限速和困乏，在一个路口，下意识地右转，居然上到一段高速。利用这段高速，可以节省不少时间。来到新源县，已经是凌晨3点了。只是在黑夜中经过尼勒克公路，月光下的伊犁河、巩乃斯河，还有远处的喀什河，这里是水草丰美的伊犁河谷，只能在夜光中想象这里的美好。

赵忠龙

2020年9月